지역재생의 진실

지속가능한 지역 살리기

바라보면 **보**이는 것들 **시리즈**

나를 위해, 지난 세대를 위해, 미래 세대를 위해, 혹은 소중한 누군가를 위해 사회 문제를 함께 보고 생각합니다. 화제가 되는 사회 이슈의 본질이 무엇인지 이해하도록 돕거나 더 조명되어야 할 사회 문제를 알림으로 현재의 역사를 짧고 빠르게 기록합니다. 건강한 사회 생태계를 만드는 데 '바보 시리즈'가 돕겠습니다.

바보
시리즈04

지역재생의 진실

초판 1쇄 발행 2022년 12월 31일

지은이. 정윤성
펴낸이. 김태영

씽크스마트
서울특별시 마포구 토정로 222
한국출판콘텐츠센터 401호
전화. 02-323-5609

블로그. blog.naver.com/ts0651
페이스북. @official.thinksmart
인스타그램. @thinksmart.official
이메일. thinksmart@kakao.com

ISBN 978-89-6529-335-4 (03330)
ⓒ 2022 정윤성

•**씽크스마트** - 더 큰 생각으로 통하는 길
'더 큰 생각으로 통하는 길' 위에서 삶의 지혜를 모아 '인문교양, 자기계발, 자녀교육, 어린이 교양·학습, 정치사회, 취미생활' 등 다양한 분야의 도서를 출간합니다. 바람직한 교육관을 세우고 나다움의 힘을 기르며, 세상에서 소외된 부분을 바라봅니다. 첫 원고부터 책의 완성까지 늘 시대를 읽는 기획으로 책을 만들어, 넓고 깊은 생각으로 세상을 살아갈 수 있는 힘을 드리고자 합니다.

•**도서출판 사이다** - 사람과 사람을 이어주는 다리
사이다는 '사람과 사람을 이어주는 다리'의 줄임말로, 서로가 서로의 삶을 채워주고, 세워주는 세상을 만드는데 기여하고자 하는 씽크스마트의 임프린트입니다.

자립적
가치창출

지역재생의 진실

정윤성 지음

지속가능한
지역 살리기

새로운
'公共'

씽크스마트

성경륭

(한림대 명예교수, 전 국가균형발전위원장, 전 경제인문사회연구회 이사장)

아직 출판되지 않은 책의 원고를 미리 읽어볼 수 있다는 것은 큰 특권입니다. 그것은 다른 사람들보다 먼저 비밀의 문을 여는 것 같은 스릴과 기쁨을 느끼게 해줍니다. 그 책 속에 우리가 경험하지 않은, 미처 생각해보지 않은 어떤 세상이 존재하고 있을까 하는 많은 궁금증을 가지고 책의 원고를 단숨에 읽었습니다.

전주방송에 재직 중인 정윤성 기자는 『지역재생의 진실』이라는 책 속에서 인구소멸과 지역경제 소멸의 위험이 진행되고 있는 한국사회의 지방과 농촌이 지금 어떤 현실에 놓여있는지, 지방의 미래 존망이 걸려있는 수많은 어려움을 타개하기 위해서는 어떤 노력을 기울여야 하는지를 따뜻한 애정과 예리한 관찰을 통해 차분하게 진단하고 대응방안을 제시하고 있습니다.

저자가 가장 크게 문제삼는 것은 두 가지입니다. 첫째, 수많은 지자체들은 지방이 살기 어려운 이유가 모두 중앙으로의 권력집중과 수도권으로의 인구집중에 있다고 보고 있습니다. 둘째, 그래서 지자체와 지방정치권, 그리고 많은 이익집단들은 중앙의 재정지원이나 수도권으로부터의 공공기관 및 기업 이전을 통해 문제를 해결하고자 합니다. 이 두 가지 태도는 필연적으로 외부의존적 접근, 대규모 개발사업과 같은 하드웨어 중심의 사업추진, 다른 지역의 성공 사례를 단순 카피하는 모방주의적 행태로 귀결됩니다. 이것이 우리나라 대다수 지역의 현실이고, 이런 관행이 고착되어 지방의 위기가 더욱 악화되는 문제가 발생합니다. 그리하여 의존성 심화, 청년의 지방 이탈, 인구소멸의 가속화라는 '악순환 함정'이 작동하게 되는 것이지요.

저는 참여정부 시절에 초대 국가균형발전위원장으로서 "전국이 개성있게 골고루 잘 사는 나라"와 "자립형 지방화"를 목표로 내걸고 국가균형발전특별회계 도입, 공공기관 이전과 혁신도시 건설, 지역전략산업 육성, 지역특화발전 특구 조성, 농림부의 기능에 식품관리 기능 포함, 신활력사업과 6차산업 활성화, 살기좋은 지역만들기 등과 같은 정책을 추진한 바 있습니다.

이런 정책을 추진하면서 중앙정부가 지역의 균형발전을 위해 도입하는 정책들이 자칫 지방의 의존성을 심화하고 자립의지를 약화시킬 수 있다는 염려 때문에 중앙의 모든 지원정책이 자립적 지방화를 목표로 지역혁신 역량을 강화하는 방향으로 설계되도록 노력한 바 있습니다. 그러나 현실적으로 그것이 쉽지 않을 것이라는 걱정을 많이 한 것도 사실입니다.

불행하게도 정윤성 기자의 『지역재생의 진실』은 제가 걱정했던 외부의존적·하드웨어중심적·모방주의적 접근이 아직도 우리나라 지방에 널리 존재하고 있는 현실을 잘 보여주고 있습니다. 그러나 이 책은 지역의 내발적 역량을 바탕으로 주체적이고 지방주도적인 지역혁신의 사례들이 빠르게 늘어나고 있다는 것도 잘 보여주고 있습니다. 이것은 희망입니다. 위기를 극복하기 위해 각성된 지자체와 '팀 천재성'(team genius)에 도달한 지역주민들이 협력하여 함께 이루어낸 '소셜 이노베이션'(social innovation)의 결과입니다.

이런 지역주도적 이노베이션을 성공적으로 추진한 국내외 사례(한국과 일본)들을 종합하여 저자는 대략 다섯 가지의 '성공 방정식'을 제시하고 있습니다. 첫째, 모든 지역재생 사업은 뚜렷한 지역정체성과 애향심에 기초하여 지역내부의 팀 형성을 바탕으로 지역주도적으로 추진될 필요가 있다. 둘째, 지역내부의 내발적 창의혁신 역량을 최대한 발굴·육성·활용해야 한다. 셋째, 지역이 보유하고 있는 자산의 가치를 잘 파악하여 지역의 유니크한 매력 또는 '인공적 비교우위'(man-made comparative advantage)를 최대화해야 한다. 넷째, 지역이 가지고 있는 인구와 자원의 제약을 극복하기 위해 외부 지자체나 기업과의 협력, 도시와 농촌의 협력, 외국 지자체와의 협력 등을 통해 외부 자원의 동원을 최대화해야 한다. 다섯째, 장기적이고 지속가능한 지역재생을 도모하기 위해 초중등 교육부터 시작하여 지역의 정체성과 애향심을 가진 인재육성에 적극적인 노력을 기울여야 한다.

저자는 이 다섯 가지 관점에서 한국과 일본의 사례를 다양하게 소개하고 또 비교하고 있습니다. 책에서 제시된 사례들을 읽다 보면 소멸위험에 처한 지방과 농촌을 살려낸 지역주민들의 지혜와 팀 천재성의 깊이와 힘을 느낄 수 있습니다. 대표적으로 폐광으로 인해 급격한 인구이탈과 소멸위기에 처한 정선군 고한읍의 버려진 집과 상가를 활용하여 지역재생에 성공한 '마을호텔18번가'의 사례는 우리에게 기적이 가능하다는 큰 영감을 줍니다. 도쿄에서 비행기로 1시간 30분이나 떨어진 곳에 있는 일본 오이타현(大分県) 소재 인구 2만의 분고타카다시(豊後高田市)는 전통시장의 붕괴로 큰 어려움을 겪고 처했는데 그 전통시장은 쇼와시대의 건축물과 지역산품을 복원하여 '쇼와노마치'(昭和の町)로 재탄생한 결과 지역재생에 성공한 마을입니다. 프랜차이즈 한 곳 없는 100% 로컬 상점가로 널리 알려진 이 마을도 창의와 혁신으로 지역부활의 기적을 실현한 곳입니다.

저는 이런 귀한 내용들을 담고 있는 이 책이 출판되면 지방과 농촌을 살리기 위해 전국에서 노력하고 있는 지역활동가들에게 좋은 지침서가 되길 희망합니다. 대학에서 지역소멸 극복을 위해 연구에 매진하고 있는 연구자와 학생들에게는 좋은 교과서가 되길 희망합니다. 나아가 정책을 개발하고 추진하는 중앙정부와 지방정부의 담당자들에게도 정책설계의 좋은 나침반이 되길 기대합니다. 하나 더 희망한다면 일본 사례들을 많이 담고 있는 이 책이 조만간 일본어로도 번역되어 동병상련의 아픔을 가지고 있는 일본의 지역활동가들과 지역주민들도 한국의 사례를 이해하고 상호협력할 수 있는 길이 열렸으면 합니다. 중앙정부가 가지고 있는 국가주의의 독소를 지방주의의 힘으로 치유하여 한일관계를 상호이해에 기반한 진정성 있는 우호협력의 반석 위에 올려놓을 수 있는 날도 기대해봅니다.

지방의 새로운 가치(價値) 창조

강원도 정선군에서 '탄광'은 삶의 역사였다. 주민들은 '탄광'과 함께 웃고 울었다. 주민들은 지금 '강원랜드'가 할퀴고 간 상처를 치유하며 '지역 부활'을 향한 돌다리를 하나씩 놓고 있다. '마을호텔18번가'의 스토리는 주민들의 주체적인 힘, 역동성, 창조적인 문제 해결 능력 등이 돋보이는 지역 재생의 수작(秀作)이라고 평가받는다. 지역 부활의 지평을 넓히며 새로운 역사를 써 내려가고 있다. 돈으로만 환산할 수 없는 지역 공동체의 부활, 자긍심, 지역자원의 재발견이라는 소중한 성과가 이어지기를 기대한다.

일본 오이타현 분고타카다시(豊後高田市)는 인구 2만여 명의 소도시다. 이곳의 전통 상점가(昭和の町)는 프랜차이즈는 전혀 없는 그 지역의 로컬 상점들로 구성돼있다. 하나같이 자기 가게에 대한 자부심이 대단했다. 도쿄, 오사카에서는 보기 어려운 상품, 점포, 접객 방식을 고집하고 있다. 일본 정부가 전통상점가의 대표적인 활성화 사례로 꼽는 곳이다. 오롯이 시골의 상인들이 이뤄낸 결과였다. 지역의 부활은 변방에서 시작되는가!

"지방 소멸을 막기 위해서 어떤 법이 필요하고, 어떤 정책을 해야 됩니까"라는 질문에 즉답하기는 어렵다. 단, 이렇게는 말할 수 있다. "정부보다는 민간, 중앙정부보다는 지방정부, 예산보다는 '인재'에 비중을 둬야 긍정적인 변화를 만들어 낼 수 있습니다. 다른 지역을 쫓지 않고 나만의 길을 찾아서 우직하게 걸어가며 다양한 소셜 이노베이션(social innovation)을 일궈낼 때 그 지역에는 진정한 '기회'와 '가능성'이 싹틀 것입니다"라고.

"기업유치가 더 중요하지 않습니까"라고 혹자는 반박할 수 있을 것이다. 또, 국가예산을 많이 확보해서 대형 사업을 추진하면 되지 않냐고 주장할지도 모른다. 지역이 힘을 잃은 근본 원인은 어디에 있을까? 정부의 불균형 국토발전 정책? 수도권 집중? 맞는 말이다. 불균형 국토발전과 수도권 집중이 가져온 폐해의 핵심은 지역의 인재를 모두 서울에 뺏겨 지역을 이끌고 갈 인재들이 서울을 위해 일하고 있다는 사실이다.

지역에 실력 있는 창조적 인재가 부족하다 보니 정부 예산을 확보해도 그 돈이 지역에 스며들지 않는다. 돈은 밖으로 새 나가고 부가가치를 지속적으로 창출해내지도 못하고 있다. 따라서, 지역재생의 핵심은 '사람만들기' '공동체만들기'라고 할 수 있다. 어떻게 하면 지역의 인재들이 지역에서 꿈을 펼치게 할 것인가. 어떻게 하면 지역을 떠난 인재를 환류(還流)시켜 그들의 힘을 지역으로 연결시킬 수 있을까를 고민해야 한다. 이런 시점(視點)이 기업을 유치하고 창업을 지원하고 초중고교에서 학생을 교육할 때 녹아들어 있어야 한다. '지역을 살리는 교육, 지역을 살리는 인재'가 지역 재생의 시작이다. 아쉽게도 지방자치단체들은 이 사안을 공적 영역의 어젠다로 인식하지 않고 있다.

2016년 한국고용정보원이 30년 후면 79개의 자치단체가 소멸될 수 있다고 발표했다. 그동안 정부 인구 정책의 기본 틀이 저출산, 고령화에 맞춰져 있다보니 국가 전체적으로 일정한 인구를 유지하는 것이 최우선시 됐다. 지방의 인구가 계속 감소하는 문제는 정책 당국자들의 책상 위에 올라가지 못했다. 정부는 지난 10년 동안 저출산 대응 예산으로 200조 원 이상을 투입했지만 급격한 인구감소, 지방의 인구유출, 고령 사회에 대한 대비, 어느 것도 제대로 해결하지 못했다.

전국의 지자체들은 각종 장려금을 줘가며 인구 유치에 뛰어들고 있다. 하지만 그 끝은 국가 전체적으로 줄어드는 인구를 나눠먹으려 경쟁하는 제로섬 게임이 될 수밖에 없다. 이 책에서는 지방의 가치를 어떻게 끌어올리고 지방과 서울의 관계를 어떻게 재정립할 것인가를 고민했다. 지역재생(再生)은 한마디로 지역의 부가가치, 생산성을 키우는 것을 말한다. 지역의 재생산력(再生産力)을 높이는 것이다. 지역의 자원을 바탕으로 '돈'을 벌고 그곳만의 '얼굴'이 있는 지역을 만드는 것이다. 그렇게 해서 그 지역의 자기결정성(自己決定性)을 끌어올리는 것이다. 그 핵심은 로컬리티(Locality), 로컬 인재, 로컬 브랜드다.

일본 정부의 지방재생 프로젝트인 '지방 창생' 사업의 1차년도 (2015-2019년) 5년 동안의 노력, 성과, 시행착오는 말 그대로 우리에게

는 살아있는 교과서다. 세계적인 창조도시로 알려진 가나자와(金沢), 지방부활의 아이콘, 아마쵸(海土町), 70년대의 모습으로 관광객을 유치하고 있는 전통시장, 쇼와노마치(昭和の町)는 지역의 내발적 힘을 바탕으로 주민, 상인, 지방자치단체가 나서서 성과를 일궈냈다는 공통점을 가지고 있다. 우리가 무엇을 고민해야 되는지 길잡이가 돼줄 것이다.

서울을 '위'라고 생각하고 서울을 따라하려는 발상을 온존시킨 상태에서 지역은 제 가치를 키워낼 수 없다. '지방소멸'은 정부가 '지방소멸대응기금' 같은 것을 만들어서 해결할 수 있는 것이 아니다. 자기 지역에 긍지를 가지고 독자적인 문화, 정체성을 쌓아가며 '로컬 브랜드'를 만들어내는 노력이야말로 지역 재생의 '본령'이다.

지역의 힘만으로는 버겁다. 삶의 방식에 대한 근원적인 고민이 필요하다. 우리 사회의 리셋(reset) 없이 지방의 위기를 극복하기는 어렵다. 지방살리기가 지방에 대한 '구제' 차원으로 논의돼서는 안된다. '지방 소멸'이 아니라 '국토 소멸'이라는 위기의식에 대한 국민적 공감대가 있어야 한다. 하나밖에 없는 성공·행복 모델을 쫓아서 하루하루를 팍팍하게 이어가는 삶의 방식을 대전환해야 한다. 여러 삶의 방식이 공존하고 존중받을 수 있는 사회를 만들어가기 위한 국가 대개조를 향한 정부의 담대한 선언이 나와야 한다.

코로나, 기후위기를 마주하며 '지방'(로컬)은 새로운 삶의 방식을 잉태할 수 있는 공간으로 주목받고 있다. 단절되고 있는 수도권과 지역의 관계를 어떻게 복원할 것인가, 1차 산업의 가치를 국민들과 어떻게 공유할 것인가. 서울을 중심으로 서열화되고 왜곡된 가치를 바로잡아서 공동체를 복원하며 행복하게 살아갈 수 있는 다양한 삶의 모델을 만들어가는 대전환이 있을 때 '지방'은 살아날 것이다.

이렇게 해서 농산어촌에서 새로운 일자리가 만들어지고 마을 공동체가 복원된다. 마을기업 또는 커뮤니티 비즈니스(community business)가 그 지역 주민을 중심으로 다양한 지역발 '혁신'을 만들어 갈 때, 지역은 다시 힘을 얻을 것이다. '지방 살리기'는 지방과 농산어촌의 가치를 재발견해서 도시와 농촌, 서울과 지방, 고향(故鄉)과 출향(出鄉)의 관계를 재정립해가는 국가적 프로젝트가 돼야 한다.

"이 책은 방일영문화재단의 지원을 받아 저술·출판되었습니다."

• 목 • 차 •

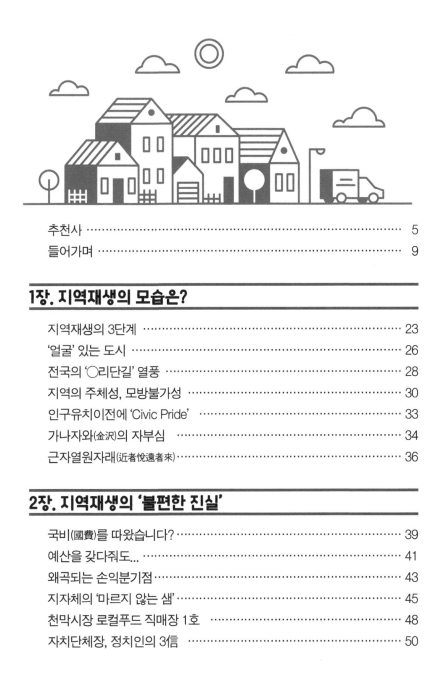

6장. '로컬인재'를 찾아서

7장. 내발적 순환경제

1장.
지역재생의
모습은?

지역이 '재생'(再生) 된다는 것은 어떤 모습을 의미하는 것일까? 마을의 인구가 늘어나고 '활기'가 커지는 것인가? 면소재지의 상점, 농공단지 입주기업의 매출이 늘어나는 것인가? 지역의 재생은 그 지역에서 '활기'가 넘치는 것으로 시작해서 '기회' 와 '가능성'이 만들어지는 형태로 완결될 것이다. 달리 말하면, 지역의 공동체가 활기를 띄며 그 힘으로 새로운 시도를 통해 소득이 증가한다. 그 결과, 마을 안팎과 다양한 연계가 이뤄지고 지역의 자치력(自治力)이 강화되며 '기회'가 늘어나는 것이라고 할 수 있다.

공동체, 소득, 창업, 자치력, 자긍심 등은 지역재생을 구성하는 키워드이다. 이것은 별개의 것이 아니라 최종 목표로 이어지는 징검다리에 가깝다. 지역 활성화, 마을만들기를 추진하는 정부, 자치단체는 높은 곳에서 이런 징검다리를 한눈에 조망할 수 있는 종합적이고 장기적인 관점을 가지고 있어야 한다. 그래야 개별 사업과제들이 일관되고 명확한 방향성에 따라 추진되며 자원투입의 효율성을 높일수 있다. '마을'이 다시 힘을 키워가는 과정을 크게 3단계로 설명할수 있다.

지역재생의 3단계

1단계: 소모임이 살아난다
    새로운 시도가 나타난다
    구심점이 등장한다

소모임이 살아나면서 공동체가 활기를 띤다. 청년회, 부녀회, 작목반 같은 소규모 모임이 활성화하면 무언가를 해보겠다는 공감대가 싹트게 된다. 대표적으로 주민들의 뜻을 모아서 큰 부담 없이 시작 할 수 있는 것이 마을 경관 가꾸기다. 마을 안길을 청소하고 진입로에 꽃을 심어 경관을 아름답게 가꿔간다. 다른 지역을 방문하거나 초청해서 교류가 늘어나고 활동 범위가 지역을 뛰어넘게 된다.

견학을 가고 직거래를 시도해보고 새로운 사업을 구상해볼 수 있다. 마을을 활성화시키고 공동체의 힘을 어떻게 키워낼 것인지를 고민하게 된다. 그 출발점은 애향심일 수도 있고 삶의 불편을 해소하기 위한 자구노력일 수도 있다. 주민들의 힘을 하나로 모을 수 있는 탄탄한 구심점을 만들어가는 단계다.

충남 당진시 순성면의 올미마을 어귀에는 3만여 그루의 매실나무가 심어져 있다. 2003년 출향민들을 대상으로 고향 나무심기 운동을 벌여 마을 주민들과 함께 심은 것이다. 마을 주부들은 이 매실 나무의 매실로 매실액을 담가 먹었다. 그러다가 매실액으로 한과를 만들어보자는 아이디어가 나왔다. 조청, 엿기름 대신에 매실액을 원료로 한 매실 한과를 만들어 봤더니 매실액이 들어있기 때문에 소화도 잘 되고 기름 냄새도 잡을 수 있는 괜찮은 한과가 만들어졌다. 부녀회원들이 집에서 만든 매실한과를 지역 축제에 나가서 직접 팔아보기도 했다. 이 경험이 2012년에 마을기업으로 발전하게 된 결정적인 계기가 됐다.

2단계: 지역자원에서 '가치'가 창출된다
　　　외부인의 방문이 증가한다
　　　창업이 늘어난다

새로운 시도를 통해서 지역의 자원에 눈을 뜨게 된다. 농산물을 바탕으로 가공식품을 만들어 판매하거나 도농(都農) 직거래 사업을 추진할 수 있다. 1단계 소규모 모임 또는 도농교류의 경험이 서서히 본격적인 마을사업으로 발전한다. 폐교를 활용해서 주민들에게 꼭 필요한 복지시설을 운영해볼 수도 있다. 마을기업이나 6차 산업체가 힘을 내며 앞으로 나아가는 단계이다. 커뮤니티 비즈니스(community business)와 마을기업은 철저하게 지역의 공동체성, 마을의 자원을 바탕으로 한 것이기 때문에 자연스럽게 공동체의 활성화로 이어진다.

전북 완주군의 안덕마을(안덕파워영농조합법인)은 숙박, 체험, 농가식당,찜질방 등으로 구성된 휴양 체험마을을 운영하며 마을의 구심점이 되고 있다. '마을자치'라는 이상을 꿈꾸고 있다.

전북 완주군 안덕마을의 유영배 촌장은 마을 주민들과 함께 전주시민들이 자주 방문하는 모악산 입구에 농산물을 가지고 가서 장을 열었다. 하지만 장을 여는데 들어간 비용을 빼면 남는 것이 별로 없었다. '왜 우리가 소비자들을 쫓아가야 되느냐. 저 사람들을 우리 마을로 오게 할 수는 없을까'를 고민했다고 한다. 그 고민이 2009년, 주민 53명이 1억 3천만 원을 출자한 마을기업으로 발전했다. 마을 주민 10명이 안덕마을의 마을 기업에서 일자리를 얻었다. 이 마을 기업은 농산물 가격이 떨어지면 마을 주민들이 재배한 농산물을 시장 가격에 수매하는 역할까지 해내고 있다.

3단계: 주민들의 자긍심 싹튼다
외부 의존 감소한다
가능성, 기회가 늘어난다

주민들에게 마을에 대한 자긍심이 싹튼다면 지금까지의 노력이 성과를 내고 있다고 볼 수 있다. 흔하게 봐왔던 빈집, 배추밭, 농협창고, 꽃밭, 과수원이 가꾸기에 따라서는 대단히 훌륭한 자원이 될 수 있다는 점을 스스로 깨닫게 되는 것은 대단히 의미 있는 일이다. '지역의 발견' '마을의 발견'은 외부와의 적극적인 교류를 통해서 더욱 뚜렷해진다. 외부의 시선으로 '지역의 가치'에 눈을 뜨게 되고 주체적인 시선으로 스스로를 바라보며 '자신감'을 갖게 된다.

지역재생은 그 지역에 더 많은 기회와 가능성을 만들어내는 것이라고 할 수 있다. 별 볼 일 없고 재미 없다고 생각했던 마을과 지역에 새로운 일이 만들어지고 그것이 기회로 이어진다. 그리고 그 기회를 바탕으로 해서 목표를 세우고 해마다 이런 노력의 재투자가 이뤄진다면 지역재생이 제대로 된 방향으로 가고 있다고 볼 수 있을 것이다.

"전에는 주민들이 이곳에 사는 것이 부끄럽다고 했습니다. 그런데 지금은 자랑스럽다고 말합니다. 이제는 불법 주정차나 쓰레기무단 투기는 사라졌습니다." 강원도 정선군의 마을호텔 18번가는 마을의 빈 집을 마을호텔로 변모시켜 전국적인 마을 재생 사례로서 주목받고 있다. 마을호텔 18번가 협동조합의 김진용 상임이사는 이 사업을 통해 주민들이 마을에 자긍심을 갖게 된 것이 가장 큰 변화라고 말한다.

지역재생의 시작은 무엇인가? 지역 주민들의 가슴에 불꽃을 심어주는 것이다. 정부와 자치단체가 어떻게든 해주겠지 하는 막연한 기대, 의존에 숨어버려서는 지역의 활성화는 일궈낼 수 없다. 나의 문제, 우리 마을의 문제이므로 우리 스스로 해결해야 한다는 '당사자 의식'이 싹터야 한다. 부득이하게 자치단체의 힘을 빌리더라도 그 중심에는 마을 주민들이 있어야 한다. 주민들의 마음을 움직여 하나로 만들 때까지의 시간은 '비용'이 아니라 '투자'다. 마을 재생에는 머리에 든 것이 많은 사람보다는 손 발이 빠른 사람이 훨씬 중요하다. 폼나지 않고 생색 나지 않을지 모르지만 이것이야말로 지역재생의 요체다.

'얼굴' 있는 도시

어느 지역의 '얼굴'이라고 할 수 있는 곳은 어디인가? 대표적으로 원도심이 있다. 그 고장의 주민들이 기대서 생활해온 삶의 흔적,

그 지역의 역사가 응축된 곳이다. 그 지역의 특징이 가장 잘 배어있다. 따라서, 원도심의 활성화는 그 지역의 '얼굴'을 가꾸는 것이고 그 지역의 정체성(identity)을 더욱 뚜렷히 하는 것이다. 역사, 전통이 있는 상점은 그 거리의 얼굴이며 그 지역의 매력을 높여준다. 그 지역과 깊은 유대를 가지고 있는 상품, 점포가 많을수록 그 지역의 색깔은 더욱 뚜렷해진다.

하지만, 남이 가지 않는 나만의 길을 걷는 것은 불안하다. 여러 명이 함께 하고 남을 따라 하는 것은 심리적으로 위안이 된다. 실패를 해도 같이 실패하는 것이므로 덜 손해 보는 것 같고, 여러 명이 피해를 보면 대책을 호소하기도 쉽다고 생각한다. 그러나, 불안함에 쫓겨 앞 사람의 뒤통수만 쫓다보면 나의 얼굴은 사라지고 이것도 저것도 아닌 어디서 많이 본 듯한 얼굴만 남게 된다.

재개발, 재건축이 주민들의 개발 수요와 주거환경개선에 대한 욕구를 충족시켜줄 수 있지만 지역의 얼굴을 지워버렸다. 재개발, 재건축, 대형마트, 프랜차이즈 등으로 그 지역만의 색깔이 사라지고 모든 지역이 대도시의 어설픈 아류(亞流)로 전락하는 것은 지역재생의 근간을 흔드는 일이다. 화려해지고 큰 건물이 들어서야 편리해지고 지역이 발전한다고 믿고 싶은 욕망이 지역의 모습을 획일화 시키는 우를 범하고 있다.

자치단체마다 추진하는 상가 간판개선사업이 대표적이다. 행정안전부는 2023년도 간판개선사업 대상 지역으로 19개 자치단체를 선정해서 사업비의 절반 가까이를 지원한다. 지금까지의 상가 간판

개선사업은 용역 업체가 내놓은 샘플에서 디자인을 골라서 진행돼 왔다. 상가 간판의 글씨 서체, 색깔, 디자인은 다르지만 한정된 샘플에서 선택하다 보니 멀리서 보면 개별 상가 간판의 특색, 개성은 전체에 묻혀서 눈에 들어오지 않는다. 간판을 보기 좋게 정비 했다는 것은 자치단체의 시각이다. 서울 강남의 상가에서 본 간판 디자인을 작은 군지역의 전통시장에서도 찾아볼 수 있다. 정부가 간판개선사업을 추진한 지역은 모두 엇비슷한 옷을 갈아입은 셈이다. 교복을 입은 학생들을 한 곳에 모아놓으면 자기 자식도 알아보기 어렵다.

코로나 확진자가 처음 발생했던 2020년 자치단체들은 코로나 재난 지원금을 주민들에게 지원했다. 지급 액수, 지급 대상은 자치단체들이 지역별 실정에 맞게 결정했다. 중앙정부의 눈치를 보지 않고 자기 지역의 상황에 맞게 이니시어티브를 취한 자치단체는 주민들에게 호평을 받았다. 코로나 위기에 대처하기 위해 자치단체 간의 경쟁, 지역의 다양한 정책실험이 이뤄졌다. 국민의 생명을 지키는 것은 중앙정부가 아니라 시.군.구의 보건소 직원이며 학생의 건강을 지키는 것은 교육부가 아니라 학교의 담임 선생님이다. 자기 지역의 특성에 맞게 주체성을 가지고 정책을 펴나가 주민들의 '편익'을 극대화하는 것이 자치단체의 '얼굴' 있는 행정이다.

전국의 '○리단길' 열풍

공공 분야의 비즈니스를 만드는 공공 크리에이터 전충훈씨는 전국의 '○리단길 없애기' 운동이라도 벌여야 될 것 같다고 주장한다. 이태원 경리단길이 핫플레이스로 주목을 받자 전국적으로 경리단길을 본딴 거리 이름이 넘쳐나고 있다. 인천 평리단길, 부산 해리단길, 경주 불리단길, 전주 객리단길, 구미 금리단길 등 전국에 20곳이 넘는다. 문화 기획자, 공무원들까지 무비판적으로 ○리단길 이름을 사용하고 있다. 그렇게 네이밍을 해야 핫플레이스가 되고 젊은 사람들이 좋아한다고 판단해서일까. 우리 지역에도 서울 같은 곳이 있다는 데서 위안을 찾고 싶어서일까. 그 지역의 역사, 로컬리티를 살린 지명보다는 경리단길의 유명세에 아무 고민 없이 편승했다.

이른바 ○리단길로 조성된 지역마다 세련된 카페, 커피숍, 레스토랑이 들어섰다. 하지만 그 지역. 동네의 특색, 역사를 살린 공간, 상품, 사람은 눈에 띄지 않는다. ○리단길 또한 한차례의 유행처럼 지나갈 것인가. 이태원의 경리단길이 부산에도 전주에도 인천에도 있다면 굳이 그 지역을 찾아올 이유는 없다. 전국의 중소도시들이 모두 서울 흉내만 내서 재탕, 삼탕해서는 어디서 본듯한 판박이 도시만 만들어질 것이다.

존재를 알리는 가장 기본적인 이름, 간판부터 정체성을 상실하고 있다. 오다기리 토쿠미(小田切徳美) 메이지대학 농학부 교수는 농산촌에서 사람, 토지, 마을의 공동화가 일어나고 있고 더 깊숙한 곳에서는 본질적인 공동화가 진행되고 있다고 주장한다. 오다기리 교수는 주민들이 그 토지에서 계속 살아가는 자부심이나 의미를 잃어버리는 '자긍심의 공동화'가 확대되고 있다고 말한다. '청년들은 도시로 나가는 것이 당연하다' 고 생각하는 농산어촌의 주민들이 계속 늘어

난다는 것이다.[1]

　그 지역만의 문화가 뒷받침되지 않는 골목상권은 소비 트렌트가 바뀌거나 큰 변수가 생겼을 때 쉽게 흔들릴 수 있다. '이것은 작은 브랜드를 위한 책'에서 이근상씨는 브랜드가 성공하기 위해서는 핵심적 가치가 분명해야 한다고 주장한다. 현재 완성되지는 않았더라도 가는 길이 뚜렷하게 보여야 한다는 것이다. 문화가 단단하지 못하면 지속성을 유지하기 어렵다. 효율성, 생산성의 기준으로 접근하면 지역이 가지고 있는 문화, 가치, 전통을 잃게 된다.

지역의 주체성, 모방불가성

　미국 오하이오 주립대학의 제이 B. 바니 교수는 지속적으로 경쟁우위를 유지하기 위해 기업이 갖춰야 될 4가지의 기준으로 VRIO를 제시했다. 가치(Value), 희소성(Rarity), 모방불가성(In-imitability), 조직(Organization)이다. 즉, 고객이 인정하는 가치를 제공할 수 있는가, 기업이 보유한 자원이 희소해서 다른 데서는 찾아보기 힘든가, 경쟁기업이 모방할 수 없는가, 보유한 자원을 잘 활용할 수 있는 조직체계를 갖추고 있는가다. 핵심은 가치, 모방 불가성이다. 우리 조직이 소비자에게 제공하는 '가치'가 다른 데서는 절대 볼 수 없고 따라하기 힘들만큼 차별화, 고도화돼 있는 것인가라고 요약된다.

　인구가 소도시에서 대도시로 빠져나가는 것은 대도시의 경제

---

1)　農山村は消滅しない, 著: 오다기리 토쿠미, 53P.

적 활력이 더 크기 때문이다. 경제가 성장해서 일자리가 많이 생김으로써 빠르게 돌아가는 대도시를 소도시가 '속도'로 따라잡을 수는 없다. 그러나, 소도시와 농산어촌을 경제적 효율성보다는 새로운 '삶의 공간'으로 조명하게 되면 새로운 가능성이 열리게 된다. 그 때 농산어촌이 갖는 가치, 매력은 도시가 따라올 수 없는 독자적인 것이다.

지난 1910년대에 조성된 전주한옥마을은 지금도 주민들이 생활하고 있는 국내 유일의 도심 한옥마을이다. 1999년 전통문화특구 기본계획 수립을 시작으로 대대적인 도시재생 사업이 이뤄져 한국을 대표하는 관광자원으로 탈바꿈했다. 전주한옥마을을 계기로 전국적으로 한옥붐이 일었다. 그러나 다른 곳에서 조성한 한옥마을, 한옥단지 가운데 성공했다고 평가받는 곳은 손에 꼽을 정도다. 아무 역사성도 없는 곳에 단순한 숙박시설로서 한옥을 아파트 짓듯이 건립했기 때문이다. 100년이 넘는 세월을 안고 있는 전주한옥마을의 생명력을 다른 지역에서 아무리 많은 예산을 들인다고 해서 만들어낼 수 없다.

도시혁신의 세계적인 권위자, 찰스 랜드리(Charles Landry)는 '창조도시'(The Creative City)에서 창조도시의 기반 가운데 하나는 강력한 아이덴티티라고 주장한다. 특히, 동질화하고 있는 세계에서 지역의 고유성을 널리 알리는 것은 한 장소를 인접한 장소와 구별하는 것이 되기 때문에 문화적 아이덴티티를 확립하는 것이 결정적으로 중요하다고 말한다.[2] 따라서, 그 도시의 이미지가 과거의 것으로 고착되지 않게 해야 되며 음식, 노래, 전통, 전통산업을 구체화하는 것은 부

---

2) 창조도시, 著: 찰스 랜드리, 170P.

가가치를 창출할 수 있는 자산이 된다고 지적했다.

"자가용을 타지 않고 될 수 있으면 걸어다니며 자전거와 버스, 전철을 이용한다. 집 내부를 수리할 땐 스스로 손을 보고, 장을 볼 땐 조금 가격이 비싸도 되도록 지역 내에서 수확한 야채와 과일, 그리고 지역 기업이 만든 제품을 구입한다. 물건보다 체험을 중시하며 엔터테인먼트보다 교육에 투자한다. 개인이 허세를 부리며 경쟁하는 것이 아닌, 보다 살기 좋은 자신들의 공동체를 만들기 위해 이웃과 함께 생각한다" 포틀랜드시 개발국에서근무하는 야마자키 미츠히로는 포틀랜드에는 독특한 라이프 스타일을 중시하는 사람들이 압도적으로 많다고 주장한다. 포틀랜드는 현재 세계에서 가장 독특한 매력을 자랑하는 도시 가운데 한 곳으로 손꼽힌다. 환경친화적인 건물, 걷기 편한 도로, 개성을 사랑하는 사람들과 개방적인 문화가 인구 62만 명의 중소도시 포틀랜드를 세계의 다른 도시들과 뚜렷하게 구별시킨다고 저자는 말한다.[3]

역사는 문화를 낳고 문화는 라이프스타일을 만든다. 역사적 경험이 없고 문화가 같지 않은데 다른 지역의 것이 멋있어 보인다고 해서 무조건 따라 해서는 안되는 이유다. 지역의 문화가 담기지 않은 라이프스타일은 그 지역의 얼굴이 될 수 없다. 좀 더 치열하게 자기 지역의 오리지널리티(originality)를 파고들어야 한다. 지역의 독자적인 비전, 미래상을 만들어 주민들과 공유(共有)하려는 노력이 중요하다. 임기응변식의 '손재주' 보다는 '본질적 가치'를 키워낼 수 있는 몰입

---

3) 포틀랜드 내 삶을 바꾸는 도시혁명, 著: 야마자키 미츠히로, 39P.

이 필요하다.

인구유치이전에 'Civic Pride'

일본의 (주)요미우리 광고(読売広告社)는 2008년부터 도쿄권, 오사카권의 인구 10만 명 이상 지역 주민을 대상으로 살고 있는 지역에 대한 의식조사를 하고 있다. 조사항목은 애착(愛着), 공감(共感), 자긍심, '계속 살고 싶다', '다른 사람에게 우리 지역을 추천하고 싶다' 등 5가지 질문으로 구성돼 있다. 요미우리 광고는 5가지의 합산 점수를 바탕으로 시빅 프라이드(Civi Pride) 를 발표한다. 시빅 프라이드는 말 그대로 자기가 살고 있는 지역에 대한 '시민의 자랑, 자부심'이다.

문화, 의료, 교육, 주택, 교통 등의 인프라가 잘 갖춰져 있는지를 비교 평가할 때는 구체적인 인프라의 확충 현황을 근거로 순위를 매긴다. 반면, 시빅 프라이드는 정성적인 측면의 평가다. 즉, '당신은 지금 살고 있는 곳이 다른 사람에게 추천할 정도로 좋고 자랑스럽습니까' 를 묻고서 '매우 그렇지 않다'에서 '매우 그렇다'까지 1점부터 7점까지를 배정해서 주민들이 답변하는 방식이다. 조사 결과에는 그 지역만의 문화, 전통, 역사, 분위기, 커뮤니티 활동, 도시 디자인, 가로환경, 생활환경, 정서적 일체감 등이 복합적으로 작용한다. 시민들이 자랑하는 도시, 시빅 프라이드 1위라는 것은 그 도시에게는 최고의 찬사다.

시빅 프라이드(Civic Pride)의 시작은 공감(共感)이다. 그 도시의 모습, 사람들, 철학, 자연, 행정에 대한 공감대가 형성돼 있다는 것은 그 지역의 커뮤니티가 잘 연계돼 있다는 것을 의미한다. 지역의 주요 의제를 놓고 공론의 장을 형성할 수 있고 협의, 조율, 조정을 통해 갈등을 풀고 사회적 합의를 도출해가는 토대가 마련돼 있다는 것이다. 시빅 프라이드는 마을만들기의 가장 확실한 동력이다.

가나자와(金沢)의 자부심

주민, 상인들은 자체 규약을 만들어 가나자와(金沢) 히가시차야가이(ひがし茶屋街)의 고유의 색깔을 지켜가고 있다.

일본의 중소도시 가나자와(金沢)에는 200년의 역사를 자랑하는 '히가시차야가이'(ひがし茶屋街) 라는 전통건축물거리가 있다. 지난 2001년 국가중요전통적건축물군 보존지구로 지정돼 94채의 목조 건물이 보존되고 있다. 이곳의 주민, 상인들은 '히가시차야가이의 문화를 지키는 모임'을 만들어 전통건축물군 보존지구를 지켜오고 있다. 자체적으로 규약을 제정해서 옥외광고물을 설치하거나 변경할 때는 주민자치모임과 협의하도록 하고 있다. 또, 전통건축물거리에서 먹으면서 걷지 않기, 거리에 상품진열이나 자동판매기 설치 금지, 호객행위 금지, 특산품은 가나자와와 관련이 있는 것을 판매한다 등을 실천하고 있다.

이 규약에 따라 아이스크림이나 간식을 파는 상인들은 관광객들이 전통 거리에서 음식을 먹으며 걸어다니지 않도록 가게 안에 먹고 갈 수 있는 공간을 따로 마련해 놓았다. 이곳의 전통건축물은 전체가 갈색 바탕에 격자무늬창을 특징으로 하고 있다. 건물주들은 에어컨 실외기, 가스계량기, 가스통, 우체통을 격자무늬 틀로 덮어서 전통적인 분위기를 해치지 않도록 하고 있다. 모두 자비를 들여 설치한 것이다.

'거리를 걸으면서 음식을 먹는 것을 삼가 달라'는 안내문

지난 2015년, 자라를 원료로 한 건강식품업체가 들어오려하자 이 모임의 회원들이 히가시차야가이(ひがし茶屋街)의 전통적인 색깔과 맞지 않는다며 반대 시위를 벌여, 결국 해당 업체는 철수하고 말았다. 지금까지 10건의 사업신청이 주민들의 동의를 얻지 못해 가나자와市의 허가를 받지못했다. 이 모임의 나카무라 타케시 회장은 "저희들은 세세한 부분까지 규제를 합니다. 이곳 밖에는 없는, 여기에만 있는 것을 만들려고 합니다. 그렇게 하지 않으면 히가시차야가이는 100년, 200년을 지속될 수 없다고 생각합니다." 라고 말한다.

이 모임은 간판의 크기, 위치, 식당의 탈취설비 설치에까지 관여하고 있다. 심하다는 지적도 있지만 전통거리를 지키기 위한 노력이라는 점에 더 많은 공감대가 형성돼 있다. 이같은 시민들의 노력이야말로 200년 역사의 국가중요전통적건축물군 보존지구보다 더 큰 의미를 가지고 있다. 마을에 대한 애착, 긍지를 가진 Civic Pride가 전통거리를 지켜가고 있는 것이다.

근자열원자래(近者悅遠者來)

소규모 자치단체마다 도시민의 귀농자, 귀촌자 유치에 힘을 쏟고 있다. 그런데, 그 지역 주민들도 등지고 떠나는 마당에 외지 사람들을 유치해서 그 지역의 주인이 되라고 하는 것이 앞뒤가 맞는 주장인가? 소멸이 우려되는 지역의 공무원들은 대부분 그 지역에 거주하지 않는다. 본인과 자식이 살지도 않고 앞으로도 거주하지 않을 지역의 미래를 위해서 해당 공무원들이 얼마나 치열하고 절실하게 고민하고 힘을 쏟을까?

전라남도가 2012년부터 2016년까지 14만 581명에게 737억 원의 출산 장려금을 지급했다. 이 가운데 1,543명이 다른 지역으로 떠나 장려금 지급이 중단됐다. 출산장려금을 받고 석달 안에 떠난 사람이 423명으로 39%를 차지해, 출산장려금을 받기 위해 전입했을 가능성을 배제할 수 없게 됐다.[4] 장려금을 통해 인구가 더 늘어났다기 보다는 출산 장려금을 주는 지역으로 인구가 이동했다고 보는 것이 진실에 가깝다.

지역을 지켜나가는 것은 1차적으로 그 지역에 뿌리를 내리고 살아가는 지역 주민이 돼야 한다. 배타적으로 귀농, 귀촌자를 밀어내자는 것이 아니다. 귀농, 귀촌자들의 다양한 경험, 전문지식을 마을 발전의 원동력으로 삼되 그 중심에는 그 지역 주민들이 있어야 한다는 것이다. 중국 초나라 변방의 한 태수가 백성들이 날마다 국경을

---

4)   전라남도 우승희 도의원 보도자료, 2017. 5. 23

넘어 다른 나라로 떠나면서 인구가 계속 줄어들자 초조해졌다. 태수는 마침 그 지역을 방문한 공자(孔子)에게 해결 방법을 물었다. 공자는 "가까이 있는 사람을 기쁘게 하면 멀리 있는 사람이 찾아오게 된다"(近者悅遠者來) 라고 말했다.

도시민 유치에 힘을 쏟기 전에 그 지역의 주민들이 계속 그 지역에 살고 싶고 보람 있게 살 수 있는 환경을 갖춰 지역민들이 '자긍심'을 갖게 하는 것이 지역 재생의 시작이다. 그러기 위해서는 많지 않더라도 그 마을에서 안정적으로 얻을 수 있는 소득이 있어야 한다. 또, 생활 복지 인프라가 잘 갖춰져있어서 주민들이 각종 커뮤니티 활동에 참여해서 재미있게 살아갈 수 있다면 거기서 자연스럽게 그 지역만의 활기, 매력이 싹틀 것이다.

2장.
지역재생의
'불편한 진실'

국비(國費)를 따왔습니다?

지방이 쇠퇴하고 힘을 잃은 것은 수도권 중심의 불균형 국토정책에서 근본 원인을 찾을 수 있다. 그러나, 쇠퇴의 원인이 국토정책에 있다는 주장에만 기대서는 지역에 변화를 만들어내기 어렵다. 전통시장의 쇠퇴 원인을 대형마트에서만 찾으려고 한다면 전통시장 활성화는 손에 잡히지 않을 것이다. 지방소멸을 막기 위한 자치단체의 대응 가운데 가장 아쉬운 것은 문제의 핵심을 모두 외부에서 찾으려 한다는 것이다. 대표적으로 중앙정부의 예산이다.

연말이 되면 자치단체들은 국가 예산의 반영 실적을 치적으로 홍보한다. 정부 예산안에 그 지역과 관련된 국가예산을 많이 반영하는 것이 지역발전에 도움이 되고 그것이 단체장, 국회의원의 능력이라고 생각한다. 국가예산 확보실적을 부풀린다는 비판까지 받아가면서 국가예산에 목을 매는 것은 지역이 직면한 문제의 원인, 해법을 모두 외부, 즉 국가예산에서 찾기 때문이다.

덕유산 인근의 한 자치단체가 2014년에 건립한 농촌 테마 공원이 있다. 모두 82억 원의 예산을 투입해 사과 전시, 체험공간을 갖췄다. 예산의 50%는 중앙정부에서 지원받았다. 그러나 10년이 다 돼가지만 계속 적자를 내고 있어서 지방의회에서는 차라리 매각하라는 주문까지 나왔다. 82억 원이면 이 지역 전체 3만 명의 주민에게 27만 원의 재난지원금을 줄 수 있는 예산이다. 이 막대한 예산이 지역을 위한 부가가치를 전혀 만들어내지 못한채 건물에 묻혀버려 애물단지로 전락했다. 지역이 활기를 잃는 것이 국가예산이 적기 때문인가? 예산을 더 확보하면 이 문제를 해결할 수 있는가? 아니다. 예산이 그 지역에 스며들지 않기 때문이다.

나라살림연구소에 따르면 2020년 기준으로 전국 자치단체가 건립한 공공시설(광역지자체: 200억 원, 기초지자체: 100억 원 이상) 882개 가운데 791개가 적자를 내는 것으로 드러났다. 882개 시설의 건립비용은 28조 원, 2020년 연간 운영비는 1조 8천억 원이다. 90% 이상의 공공시설이 적자를 내는 곳은 강원, 충남, 인천, 울산, 경북, 전남, 대구, 경남, 전북 등 9개 지역이었다. 2016년부터 2020년까지 이 시설들의 운영비는 8조 4천억 원이며 수익은 3조 9천억 원, 적자는 4조 5천억 원으로 해마다 수익이 비용의 절반 수준에 그쳤다. 그렇다고 이 시설들의 공익성이 높은 것도 아니었다. 나라살림연구소는 코로나 이전인 2018년의 경우, 하루 평균 이용객이 100명 이하인 공공시설이 626개소나 된다며 투자심사의 실효성을 높여야 된다고 지적했다.

2016~2020년 전국 지방자치단체 공공시설물 운영 현황-비용 및 수익

(단위 : 백만원, 명, %)

회계연도	건립비용	비용	수익	연간 비용 대비 수익률	순수익
총합계	131,285,417	8,442,017	3,917,312	-53.6%	-4,524,705
2020	28,751,819	1,805,306	613,605	-66.0%	-1,191,713
2019	28,033,357	1,866,083	854,325	-54.2%	-1,011,734
2018	27,067,822	1,782,151	877,319	-50.8%	-904,854
2017	24,504,009	1,563,578	816,607	-47.8%	-746,971
2016	22,928,410	1,424,899	755,456	-47.0%	-669,433

자료: 나라살림연구소

예산을 갖다줘도...

이런 일이 벌어지는 것은 공공사업의 수익성이 떨어지기 때문이다. 시설을 건립해서 민간에 운영을 맡기려면 능력있고 검증된 업체가 공모에 참여해야 한다. 하지만, 전국의 많은 지자체들이 농산물가공, 관광, 체험, 숙박 용도의 공공건물이 준공될 때까지도 수탁업체를 찾지 못해서 발을 동동 구르는 경우를 볼 수 있다. 운영업체 공모에 한 곳밖에 참여하지 않아서 유찰됐다가 재입찰을 통해서 결국 그 업체에게 울며 겨자 먹기식으로 시설운영을 맡기는 경우도 있다.

근본 원인은 그 시설에서는 아무리 해도 수익을 내기 어렵다고 생각해서 민간이 관심을 갖지 않기 때문이다. 처음부터 시장성과는 거리가 먼 방향으로 사업이 기획됐고 추진 과정에서도 보완되지 않은 것이다. 자치단체는 많은 예산을 들여서 건립한 시설을 계속 놀릴 수는 없으니 검증되지 않은 업체에라도 일단 맡길 수 밖에 없다.

지난 2019년, 인구 3만 명 규모의 한 산촌 자치단체가 그 지역의 관광명소를 첨단 영상장비로 체험할 수 있는 관광체험센터 건물을 완공했다. 이때부터 4D, AR, VR 시설을 설치하고 조경공사를 한다며 다시 2년이 넘는 시간을 흘려보냈다. 예산이 충분하지 않다는 이유로 그때 그때 땜질식으로 관련 시설을 구매했다. 건물 공사비와 프로그램 구매, 시설 설치 등에 모두 32억 원이 들어갔다.

이렇게 해서 마침내 문을 열기로 했다. 그런데 정작, 이 시설을 운영하겠다는 민간업체가 나타나지 않았다. 민간에 위탁하기 위해 세 차례나 공모를 했지만 아무도 참여하지 않았다. 결국 네 차례 공모 끝에 한 업체가 맡아서 운영을 하고 있다. 네 차례의 공모에 참여했던 업체는 단 1곳, 더구나 다른 지역의 업체. 자치단체는 20%나 수탁료를 깎아줘가면서 이 업체에게 운영을 맡겼다. 건물 지어놓고 거의 3년 만에 이런 우여곡절을 거쳐 시설이 문을 여는 것이다.

정부예산으로 건물을 지어주는 것은 '마중물'로 활용하라는 뜻이다. 계속 '수익'을 창출할 수 있는 '엔진'으로 이용하라는 뜻이다. 하지만, 건물을 지어놓고도 운영할 사람이 없고, 그래서 위탁료를 깎아주면서까지 시설을 맡겨야 되는 상황이다. 그런 건물에서 일자리가 만들어질리 없고 그 지역에 의미있는 수준의 부가가치를 창출해낼리가 없다. 혁신적인 시도는 꿈도 꾸기 어렵다.

사업의 시작은 제대로 된 수익모델을 만드는 것이다. 검증도 되지 않은 어설픈 수익모델을 바탕으로 시작된 사업은 지속되지 못한다. 문제를 해결하기 위해 예산을 더 투입하면 도움이 될까? 그렇지 않다. 수익모델은 돈이 만들어지는 '구조'(process)이다. 그 구조를 뜯어고치지 않고서는 아무리 많은 예산을 쏟아붓고 인력을 투입하고 시간을 내더라도 백약이 무효이다. 잘못된 구조를 꿰뚫어보고 바로잡을 수 있는 전문성이 있어야 된다. 아무리 많은 국비를 확보해도 제대로 된 수익모델을 만들어낼 수 있는 사람이 없다면 예산 투입의 결과는 뻔하다.

왜곡되는 손익분기점

사업을 대하는 민간과 공공의 사고방식은 기본부터 다르다. 수익사업은 기본적으로 리스크(risk)를 끌어안고 하는 일이다. 정부와 자치단체의 공무원들에게는 돈을 벌어본 경험이 없다. 민간은 '시장' '소비자'를 바라보고 일을 하고, 공공은 '규정' '의회' '감사'를 염두에 두고 일을 한다. 규정이 없으면 선례를 따른다. 시장상황이 변하고 있지만 '앞'을 보지 않고 '뒤'를 보고 결정하는 것이다. 타당성 용역, 투융자심사, 의회보고, 공청회 등의 행정절차도 거친다. 그러나 그것은 규정에 따라서 했다는 의미일뿐이다.

지난 2016년 섬진강을 끼고 있는 한 자치단체가 135억 원을 들여 테마파크를 건립했다. 테마파크의 대부분은 특색 없는 산책공간으로 조성됐다. 2010년 이 자치단체가 투융자 심사를 받을 때, 테마파크를 개관해서 1년이 지나면 14억 원, 4년차에는 16억 원의 수입이 나올 것이라고 보고하고 투융자 심사를 통과했다. 입장료가 9억 원, 사용료 수입 등이 4억 7천만 원이었다. 그러나 7년이 다 됐지만 볼거리가 부족해서 입장료를 받지 못하고 있다. 입장료 수입은 0원, 사용료 수입은 1억 원도 되지 않는다. 이 자치단체는 계속 예산을 투입해 시설을 보강하고 있다.

예산을 규정에 따라, 절차에 따라 정해진 기한에 100% 집행하는 것이 공공분야에 있어서 '사업'의 의미다. 수익을 내는 것보다 더 중요한 것이 규정을 지켜서 감사에서 지적 받지 않는 것이다. 민간은 '차별화' '순발력'에 초점을 두지만 공공은 '합의' '절차'를 우선으로 하기 때문에 시장 흐름을 쫓아가기 어렵다. 누가 그 시설에 들어와서 어떻게 돈을 벌지도 모르는 상황에서 그 분야의 전문성도 부족한 공무원들이 계획을 세워 건물을 짓고 장비를 구입한다.

키노시타 히토시(木下 齊)는 '지방창생대전'(地方創生 大全) 에서 미치노에끼(道の駅[5])를 예로 들어 공공투자의 문제점을 지적한다. 미치노에끼는 대부분 초기 투자를 세금으로 한다. 따라서, 이 시설을 맡은 민간의 지정관리자(수탁관리자)는 정부와 자치단체가 투입한 건립 비용을 신경쓸 필요가 없이 시설을 맡은 날부터 발생하는 비용, 수익을 생각하면 된다. 여기서 사업의 손익분기점이 통상보다 낮은 수준으로 왜곡된다. 생산성이 낮아도 유지 가능한 환경이 조성되는 것이다.

즉, 민간이라면 최초 투자금 회수를 전제로 매출 계획을 세우지만 공공사업은 투자금을 제외한 상태에서 발생하는 매출과 비용을 계상하게 된다. 민간이라면 대출 받아서 식당을 차리고 장사를 할

---

5) 일본 국토교통성과 자치단체가 일반 도로의 운전자를 위해 설치한 휴게공간. 93년부터 정식으로 조성돼 2022년 8월 기준으로 1,198개소가 조성.

때, 대출금 상환을 염두에 두고 영업을 하게 되지만 공공사업은 대출금 상환이 필요 없기 때문에 영업이 그만큼 느슨해진다는 것이다. 정부는 일단 사업을 시작하면 예산을 100% 지출한다. 수익을 낼 수 있는가보다는 우선, 사업의 취지에 초점이 맞춰져 있다. 명분이 우선이고 거기에 맞춰 예산이 배정된다. 하지만 일반인이 금융권에서 돈을 빌릴 때는 사업성을 검증해서 변제할 수 있는 범위에서만 대출이 이뤄진다.

따라서, 정부, 지자체가 공공시설을 통해서 매출을 올렸다고 홍보해도 거기에 들어간 건립비, 유지관리비, 감가상각비 등을 고려한다면 적자가 될 수 있다. 구멍가게에서도 팔 수 있는 상품을 백화점에 고액의 입점료를 내고 들어가서 판매한다면 적자를 면하기 어렵다. 이런 공공시설을 건립하지 않고 소득사업이나 복지사업에 예산을 썼다면 많은 주민들에게 편익이 돌아갈 수 있다는 점에서 지역 전체로는 마이너스(-)가 되는 사업이다.

지자체의 '마르지 않는 샘'

공공 시설의 가동률이 민간 시설보다 낮은 이유는 무엇일까? 자기 돈으로 하면 절대 하지 않을 일을 정부 예산으로는 서슴없이 한다. 역시, 자기 돈으로 하면 당연히 생각할 것도 나랏돈으로 하면 생각하지 않는다. 보조금에 의존하는 사업은 결국 보조금을 내주는 사람을 향하게 돼서 고객들을 제대로 생각하지 않게 된다. 여기서 비효율이 싹튼다.

건물을 짓는 사람과 사용하는 사람이 제 각각이니 나중에 쓰지도 않을 시설, 비품도 갖추게 된다. 설계하는 사람 따로, 건립하는 사람 따로, 사용할 사람 따로 따로인 구조에서 시설은 현장의 수요와 멀어지게 된다. 집에 들어와서 거주할 사람의 뜻은 물어보지도 않고 집을 지어놓으면 집 주인이 입주한 다음에 사용하기 편하게 내부를 다시 고치거나 사용하지 않아 방치되는 공간이 나오게 된다. 기획, 설계, 운영의 간극을 최소화하는 방법의 하나가 시설관리자가 공사 단계부터 참여하는 것이다. (207P. 참고)

공공 사업의 가장 큰 문제는 사업자가 조금이라도 비용을 줄이고 매출을 늘리기 위해 머리를 쥐어짜거나 고민할 필요를 줄여버린다는 것이다. 즉, 경영적인 긴장감이나 수입 다각화, 다른 시설과의 경쟁처럼 민간에게는 당연한 경영 요인이 없다. 일단 시작하면 무사 통과인 정부사업에서는 온갖 비효율이 발생하고 비용절감, 치열함, 경영혁신이 나타나기 어렵다. 불필요하게 지어진 건물은 그만큼의 유지 관리비를 토해내도록 만든다. 겉보기에는 화려하지만 속으로는 골병이 드는 구조다.

"2040년에 제 기능을 상실할 30%의 지자체들은 절대 파멸하지 않는다. 중앙정부라는 든든한 후원자가 있기 때문이다. 그리고 이 지자체들은 그 후원자의 약점도 잘 알고 있다. 아무리 어려워져도 후원자가 손을 놓는 일은 없을 거란 사실을! 기능을 상실한 30%의 지자체에게는 인공 호흡기가 달릴 것이다." 중앙대 도시계획부동산학과 마강래 교수는 '지방도시 살생부'에서 '소멸' 위험에 내몰린 지방자치단체의 한계 상황을 이렇게 설명했다.

전국의 군 지역의 재정자립도는 20%대를 넘지 못한다. 정부는 전 국민들이 최소한의 공적 서비스를 받을 수 있도록 지방자치단체에 교부금을 지원한다. 전국 226개 기초자치단체 가운데 경기도의 수원시, 성남시, 용인시 등 6개의 시를 제외한 나머지 기초자치단체들은 모두 정부에게서 보통교부금을 받아서 자치단체를 운영한다. 이처럼 중앙정부라는 '마르지 않는 샘'이 있는 상황에서 공무원들의 경영감각이 싹틀 리 없다. 돈을 벌거나 운영비를 아낄 필요가 없으니 어렵게 따온 예산을 일단 다 쓰고 보자는 식으로 건물을 짓게 된다.

　　자치단체들은 공공 사업은 수익을 내는 것이 목적이 아니라 주민들을 지원하기 위한 것이라는 애매한 명분을 대며 숨어버린다. 수익사업인지 복지사업인지, 사업의 정체성부터 불분명해진다. 이런 방식으로는 지역에 의미 있는 변화를 끌어내지 못한다. 시설의 운영비라도 자체 조달해보겠다는 마인드를 갖추지 않는 한 100전 100패로 끝나는 흑역사가 기다리고 있을뿐이다.

　　예산에 치중하다보면 사업의 수단이 목적으로 변질될 수 있다. 지역 농업을 활성화하는 것이 목적이고 그 수단이 농산물 가공센터를 짓는 것이어야 한다. 그런데 농산물 가공센터를 건립하는 것이 목적이 돼버린다. 이 사업의 예산을 따오는 것이 농업 활성화 분야의 단체장 평가 항목이 되는 것이다. 이렇게 되면 단체장-정치인-중앙정부 공무원으로 이어지는 '관계'만 남고 정말 중요한 지역의 '사업 역량'은 향상되지 않는다. 예산을 따오건 따오지 못하건 지역은 성장하기 어렵다.

천막시장 로컬푸드 직매장 1호

대한민국 로컬푸드 직매장 1호점은 천막 점포에서 시작됐다. 2011년 8월부터 2012년 4월까지 전북 완주군 용진농협 직원들과 농민들은 8개월간 한여름 뙤약볕과 한겨울 추위를 노상의 천막 직매장에서 견디며 소비자들을 만났다.[6] 지금까지 듣지도 보지도 못했던 '로컬푸드' 사업에 그 누구도 선뜻 나서려 하지 않았다. 농협마다 손사레를 쳤다. 농민들은 '생산자가 가격을 정한다니 도대체 그게 무슨 소립니까' 라며 말도 되지 않는다는 반응을 보였다.

전례가 없던 사업인 만큼 풀어야 될 과제가 한 두 가지가 아니었다. 농산물 출하에서부터 포장, 진열까지 모두 농민들이 해야 했다. 한명 한명 농민들을 만나 농산물을 출하해달라고 설득했다. 예산, 인력 모두 부족했지만 그랬기 때문에 더 지혜를 짜내고 힘을 모았다. 냉동 탑차에 농산물을 싣고 인근 아파트 부녀회를 돌며 로컬푸드를 홍보했다. 가설점포로 작게 시작했지만 발로 뛰며 사업성을 보완했고 농민들의 참여를 끌어냈다.

전국적으로 469개의(2019년) 로컬푸드 직매장이 운영되고 있지만 완주 용진농협처럼 천막시장으로 출발한 직매장은 찾아보기 힘들다. 모두 많은 예산을 들여 번듯한 건물에서 시작했다. 앞서 문을 열었던 직매장을 그대로 따라 하기만 하면 됐다. 나름대로 고민은 했겠지만 용진농협 로컬푸드 직매장 1호처럼 절실하지는 않았을 것이

---

6)   한국농업의 미래를 쓰다, 著: 정완철, 이중진, 53P.

다. 앞서 간 사람을 그대로 따라 할 때는 '혁신'이 나오기 어렵다. 문제가 생겼을 때 그 것을 해결하고 위기를 헤쳐 나갈 수 있는 역량도 축적되지 않는다.

대한민국 로컬푸드 직매장 1호, 전북 완주군 용진농협 직매장은 천막 점포에서 시작해 농업 유통의 '혁신'을 이뤄냈다.

전통시장 활성화 사업에서도 상인들은 정부와 지자체가 보조금을 들여서 뭔가를 해주는 것이 활성화 사업이라고 생각한다. 본인들이 상품, 접객을 어떻게 매력적으로 할 것인지에 대해서는 그다지 고민하지 않는다. '나'는 팔짱을 끼고 있고, 정부·지자체가 열심히 해야하는 것이 '활성화 사업'이 돼서는 성과를 내기 어렵다.

프로야구 김성근 감독은 경기 전략뿐만 아니라 선수를 조련해 내는 데도 정평이 나있다. 이 가운데 하나가 수비선수를 위해서 펑고를 쳐주는 것이다. 김성근 감독은 수비연습을 하는 선수가 죽을 힘을 다해서 뛰어가야 겨우 볼을 캐치할 수 있는 위치에 볼이 가도록 펑고를 쳐준다. 쉽게 캐치할 수 있는 볼은 연습효과가 크지 않다. 캐치하기 힘든 볼을 캐치하기 위해 노력하는 과정에서 절실함이 나오고 실력이 향상된다. 김성근 감독의 펑고를 받지 못하는 선수는 그라운드에 서기 어렵다.

자치단체장, 정치인의 3信

예산 집행의 비효율에 대한 지적이 끊임 없이 제기돼왔지만 개선되지 않는 것은 단체장과 정치인에게 3가지의 '믿음'이 없기 때문이다. 첫째는 지역발전에 대해서 오랫동안 자기 나름의 갈고 닦은 '소신'(所信)이 없다. 전임자들이 지금까지 해왔던 방식에 근본적인 질문을 던지지 못한다. 비판적으로 분석해서 그것을 보완할 정도의 통찰력이나 전문성을 갖추지 못했다. 자기만의 철학과 생각이 없기 때문이다. 그러니 기존의 방식을 그대로 답습할 수밖에 없다.

두 번째는 단체장이 그 나름의 생각을 가지고 있더라도 이것을 구체화할 정도의 '자신'(自信)이 없기 때문이다. 문제의식을 가지고 있어도 그것을 바꾸거나 개선할 능력, 용기가 부족하다. 당장 의회, 언론, 주민들의 반대를 설득해서 극복할 자신이 없기 때문에 적당한 선에서 타협하는 것이다. 독창적인 사업을 하고 싶지만, '이렇게 했을 때 재선(再選) 할 수 있을까?' 라는 현실적인 불안감, 유혹 앞에 무너진다.

때문에 오랜 시간이 걸리는 지역의 체질개선이나 새로운 접근보다는 당장 유권자들 앞에 내놓을 수 있는 '한방'을 찾게 된다. 그 '한방'이 뜬구름 잡는 식의 것이더라도 그래야 마음이 놓인다. 예산이 낭비되고 효율성이 떨어지더라도 우선은 열심히 하는 것처럼 보여주고 싶은 것이다.

세 번째는 결국 자신의 방식, 지역의 미래에 대한 '확신'(確信)이 없기 때문이다. 지역재생의 핵심은 그 지역이 가지고 있는 비교 우위에 어느 정도나 집중할 수 있는가이다. 그러나 자신의 방식으로 지역에 새로운 가능성을 만들어낼 수 있다는 확고한 믿음이 없다. 그러다 보니 전국의 지자체들이 같은 목표를 놓고 비슷한 방식의 경쟁을 벌이게 된다. 즉, 중앙정부의 예산에만 기댄채 '국비를 따오겠습니다'라는 접근에서 벗어나지 못하는 것이다. 그러니 지역의 성장이 '예산 규모'로만 논의되고 평가받게 된다. 지역 문제에 대한 이해는 깊어지지 않고 행정에 대한 평가는 겉돌고 자치단체는 성장하지 못하게 된다.

3장.
지역재생의
본질

지방소멸대응 기금 1조 원

정부는 지역이 지방소멸의 위기에 대응하도록 2022년부터 10년 동안 1조 원의 재원을 바탕으로 인구감소지역에 지방소멸대응기금을 배분하고 있다. 이 사업은 중앙 정부가 기존의 지역 정책을 거의 그대로 되풀이하는 방식으로 진행되고 있다. 사업 첫해, 중앙정부가 인구감소지역을 포함해 전국의 122개 자치단체가 제출한 1,691건의 사업 투자계획서를 심사해서 예산배분액을 결정했다.

지방이 소멸의 위기에 처해있다는 것은 지금까지의 정부 국토 정책이 수명을 다 했다는 것을 증명하는 것이다. 따라서, 기존의 방식을 뛰어넘는 새롭고 파격적인 접근, 발상이 필요하다. 그러나 중앙정부의 계획에 맞춰 사업계획을 제출하도록 하고 심사를 해서 예산을 나눠주는 것은 기존의 방식을 그대로 답습하는 것이다. 중앙정부의 테두리 안에 지방의 발상을 가둬놓고 있다. 수도권의 시각으로 지방의 문제를 들여다보고 그 시각으로 평가해서 예산을 배분한다. 근본적으로 정부는 지방자치단체의 '실력'을 믿지 못한다. 자치단체들이 이런 타성에 젖어들어서 아무 문제 의식을 느끼지 못한다면 더 큰 문제일 수 있다.

지방소멸대응기금의 배분 금액은 2023년의 경우, A등급으로 평가된 4개 자치단체에 가장 많은 120억 원이 지원된다. B등급은 96억 원, 가장 많은 자치단체가 속한 C등급은 80억 원, D등급은 72억 원, 가장 낮은 E등급에는 64억 원이 돌아갔다. 중앙정부가 '지방소멸대응기금'이라는 이름을 내걸기에는 민망한 수준이다.

예산규모에도 큰 차이가 없다. 인구 감소지역 89개 기초자치단체 가운데 60%인 52개 자치단체가 80억 원에서 96억 원을 배분받는다. 심사의 형식을 띄고 있지만 사실상 자치단체들에게 적당히 나눠준 모양새다. 자치단체들은 'A등급을 받았다. 가장 많은 예산을 확보했다'는 식으로 홍보한다. 사업 효과, 실현 가능성 보다는 심사에서 좋은 등급을 받을 수 있는 사업을 발굴하고 싶은 유혹에 빠질 것이다.

지방소멸대응기금 배분 규모

등급	자치단체 수(비율)	배분금액(억)		
		2022년	2023년	합계
A	4 (5%)	90	120	210
B	13 (15%)	72	96	168
C	39 (45%)	60	80	140
D	18 (20%)	54	72	126
E	15 (15%)	48	64	112

자료: 행정안전부

국회입법조사처는 지방소멸대응기금이 10년의 한시적인 기금이기 때문에 10년 이상의 장기 사업을 발굴하기 어렵고 소규모 사업을 실시할 수 밖에 없다는 점을 지적한다. 또, 정부가 매년 소멸대응기금의 운용 성과를 다음해 기금 배분에 반영하게 되면 자치단체들은 가시적인 성과가 나올 수 있는 근시안적인 사업에 치중하게 된다고 우려하고 있다.[7] 이는 우리보다 앞서 지방소멸에 대한 대응방안으로 '지방창생'이라는 국책사업을 추진하고 있는 일본에서도 지적되는 문제점이다. (182P. 참고)

국토연구원이 2021년에 대학교수와 자치단체 실무자 등 100명을 대상으로 실시한 조사에서 지방소멸 대응과 관련한 정부의 정책 효과에 대해서 '효과 없음'이 67%를 기록한 것으로 드러났다. 효과가 낮은 이유에 대해서는 수도권 집중 유발 정책의 지속 추진이 25.4%, 지역 현실과 괴리된 정책 추진이 17.9%, 잘못된 지방소멸 원인 진단이 11.9%였다.[8] 정부는 문제를 해결할 능력도 없으면서 지자체에 예산을 나눠주는 권한을 손에서 놓지 않으려 한다.

재정 자립도가 20%를 넘지 못하는 89개 인구감소지역들은 중앙정부에 대한 의존에서 벗어나지 못한다. 이런 상황에서 지방소멸대응기금은 철저하게 중앙집권적인 발상으로 기획, 운영되고 있다. 지방자치단체들은 중앙정부 입맛에 맞는 사업을 발굴하기 위해 용역을 실시해서 정부 제출용 보고서까지 업체에게 맡긴다. 이런 구조

7) 지방소멸대응기금의 도입 및 향후 과제, 국회입법조사처, 2022. 6. 30
8) 경사연 리포트 통권 39호

에서 '창의', '실험', '혁신'이 나올리 없다. 지방소멸대응기금은 중앙정부가 지방소멸에 대한 대책으로 무언가를 했다'는 '면피성 알리바이 만들기' 라는 비판을 받을 수 있다.

정부가 지향해야 되는 방향은 자치단체의 독자성과 자주성을 키워주는 쪽이다. 자치단체는 기획 역량을 끌어올려야 한다. 중앙정부는 지자체가 예산을 쓰는데 재량권을 확대하되 사후 검증의 긴장감을 확실하게 심어놓는 방안에 더 무게를 둬야한다. 지방의 자립성 높은 대책이 성과를 내는 데서 지속 가능하고 진정한 '성공' 스토리가 나온다.

벤치마킹은 왜 어려운가

새로운 제도를 도입한 자치단체나 유명한 농산어촌 체험마을에는 전국에서 시찰단이 다녀간다. 마을주민들이 버스를 대절해서 타고 와서 체험마을 대표의 강연을 듣고 마을 시설을 둘러본 뒤 체험마을에서 식사를 하고 돌아가는 방식이다. 여기에 들어가는 비용은 모두 정부가 지원하는 사업비로 충당한다. 시찰단을 받는 체험마을에서는 단체 방문객들이 찾아와 식사를 하고 가기 때문에 수입을 올릴 수 있다.

벤치마킹의 '문제'와 '정답'은 대상보다는 벤치마킹을 하는 쪽에 있다. 예를 들어서 전교 1등을 하는 학생의 노하우를 배워서 내 것으로 만드려면 상당한 수준의 수학능력을 갖추고 있어야 한다. 자기주도학습이 가능하고 '성취'의 경험이 있는 학생이라면 전교 1등의 노하우를 이해할 수 있을 것이다. 지독하게 공부하고 왜 안되는지 고민해본 사람만이 가질 수 있는 의문, 질문이 나와야 제대로 된 벤치마킹이 이뤄질 수 있다.

하지만 지금의 벤치마킹에는 그런 '질문' '의문'이 없다. 고민하지 않았거나 고민의 깊이가 얕기 때문에 정곡을 찌르는 '질문'이 없다. '진짜' 문제를 제기할 수 없다. 누구라도 할 수 있는 고만고만하고 포괄적인 질문만 나온다. 주최 측이 준비해놓은 곳을 아무 문제의식 없이 둘러보고 가는 벤치마킹으로는 본질에 파고 들어가기 어렵다. 문제를 해결해 가는 과정에서 축적되는 지식이 진짜 '노하우'다. 그런 지식이 쌓이지 않은 상태에서 배우는 것은 그야말로 수박 겉 핥기다.

암묵知와 형식知

정말 중요한 '비결'은 말로 잘 설명되지 않는다. 1등을 하는 학생이 '교과서 위주로 공부했다'고 설명하면 '고작 그거냐' 고 말할지 모른다. 헝가리 출신의 물리화학자 마이클 폴라니(Michael Polanyi)는 지식을 암묵知와 형식知로 분류한다. 암묵지는 말로 표현하기 어려운 지식, 형식지는 말로 표현할 수 있는 지식이다. 김치찌개를 맛있게 끓일 수 있는 레시피는 형식지라고 할 수 있다. 하지만 그 레시피대로 해도 반드시 맛있는 김치찌개를 만들 수 있는 것은 아니다. 레시피라는 형식지만 가지고는 설명이 되지 않는 부분이 암묵지에 해당한다.

다른 사람이 따라올 수 없는 나만의 경쟁력, 기술은 형식지보다는 암묵지쪽에 가깝다. 백종원의 김치 찌개 레시피를 손에 넣을 수는 있지만 그렇다고 해서 모두 백종원처럼 김치찌개 맛을 낼 수 있는 것은 아니다. 아무리 세부적으로 완벽하게 레시피를 만들어줘도 사람에 따라서 결과는 천양지차가 될 수 있다. 그건 레시피의 문제가 아니라 사람의 문제다. 레시피가 없어도 맛있는 김치찌개를 만들어내는 사람이 있다. 그 사람의 촉, 경험, 통찰력, 일머리, 임기응변이 '차이'를 만들어내는 경우가 많다. 1등 또는 성공한 사람은 다른 사람이 흉내내기 어려운 자신만의 무언가를 가지고 있기 때문에 그 자리를 유지할 수 있는 것이다.

따라서, 벤치마킹은 형식지를 배워오는 것이 아니라 암묵지를 탐색하는 과정이 돼야 한다. 하지만 암묵지는 누구나 보고 듣는다고 해서 얻을 수 있는 것이 아니다. 여러 가지 시행착오를 거치고 실패도 해보면서 실패에서 성공으로 넘어가는 임계점(臨界點)에 와있는 사람만 캐치(catch)할 수 있는 것이 암묵지다. 현장의 냄새를 맡는 형사의 '촉'과 같다. 촉을 좀 더 체계화시키고 다듬어서 나만의 것으로 체화시킨다면 암묵지가 될 수 있다.

잘된 사례를 그대로 따라 한다지만 속으로 들어가면 생각하지 못했던 문제가 계속 나타난다. '답'은 결국 본인이 찾아야 한다. '답'을 찾아가는 과정에서 실력이 쌓이고 자신감이 생긴다. 학원에 의존하지 않고 본인의 생각하는 힘을 키워 이뤄낸 '공부'가 진짜 내 실력이 되는 것이다. 1등이 겪은 실패, 불안감, 간절함, 도전정신 등은 머리로 배울 수 있는 것이 아니다. 어려움을 극복하는 과정에서 그 곳만의 '스토리'가 나온다. 시행착오, 문제 해결의 경험이 축적되지 않은 상태에서 남의 것을 그대로 따라 하면 시장, 상황의 변화에 제대로 대처하기가 어렵다.

충남 당진시 올미마을의 마을기업은 2012년부터 매실 한과를 만들어 팔고 있다. 한과를 만드는 공장의 부지로 마을 소유의 땅을 사용하는 과정에서 주민들 사이에 뜻이 맞지 않아 큰 홍역을 치렀다. 또, 한과의 모양이 일정하지 않고 내다 팔기에는 상품성도 떨어졌다. 이 문제를 해결하기 위해 별도로 6개월 동안 한과 전문인 양성과정을 다니며 국가지정 한과 명인에게 한과 제조법을 기초부터 다시 배웠다. 아무 경험이 없던 시골 주부들에게는 사업을 준비할 때 겪었던 이 시간이 좋은 약이 됐다. 마을 주민들이 '마을기업'에 대해서 치열하게 논쟁을 했고 생산적 진통을 슬기롭게 극복함으로써 마을사업을 추진할 수 있는 원동력을 확보할 수 있었다.

생산적인 진통이 없는 곳에서 사업 추진의 내발적인 동력을 얻기는 어렵다. '진통'은 구성원들이 모여서 의견을 조율해가며 이 사업을 할 수 있는 의지, 역량이 있는지를 검증하는 '과정'이다. 우수 사례라고 해서 아무 고민 없이 겉으로 드러난 현상만 보고 따라 해서는 의미 있는 결과를 만들어내기 어렵다. 벤치마킹은 내 돈을 들여 어느 누구의 소개도 받지 말고 방문해서 직접 물건을 사보거나 체험 프로그램에 참여해보는 방식으로 해야 한다. 그래야 그 곳의 진짜 모습을 제대로 확인할 수 있다.

화려한 '성공'을 꿈꾸지만 현실에서의 성공이란 그런 화려함과는 거리가 있다. 매출이 등락을 거듭하면서도 결정타를 맞지 않고 버텨낸다면 스스로 문제점을 해결할 수 있는 안목을 갖게 될 것이다. 작게 시작해서 실패하지 않고 어떻게든 버티며 조금씩 규모를 키워가는 노력이 중요하다. 화려하지 않아도 작지만 꾸준히 성과를 축적해가는 과정이 '성공'이다. 마을만들기, 지역재생의 본질도 다르지 않다.

수술은 '성공', 환자는 '사망'

일본의 전통시장, 상점가에는 상권을 살리기 위해서 진입도로의 확포장 사업이 이뤄진 곳이 많다. 하지만, 도로를 넓혔던 상점가는 모두 문을 닫았다는 우스갯 소리가 있다. 시원스럽게 뚫린 도로를 타고 승용차가 그냥 지나가버렸다는 것이다. 정부 예산을 투입해서 사업 일정에 맞게 도로를 냈으니 공무원의 발상대로 보면 이 사업은 성공한 사업이다. 하지만 상점가 입장에서는 실패한 사업이다. '수술은 성공했지만 환자는 죽었다.'

그러나 도로를 확포장 하지 않았어도 오히려 더 잘 된 상점가도 있다. 그 지역만의 볼거리가 있는 상점가는 살아남았다. 도로를 내고 아케이드를 설치하고 하드웨어를 멋지게 갖춘다고 해서 상점가, 마을이 살아나는 것은 아니다. 매력 없는 상점가에 주차장을 지어놓은들 고객은 오지 않는다. 소비자와 관광객들이 그 지역을 찾아와야 될 분명한 이유를 가지고 있어야 한다. 점포에 특색이 있어야 하고, 전체적인 상가구성이 매력적이어야 한다.

KTX가 개통된다고 해서 그 지역의 관광이 살아날까? KTX는 분명 '기회' 요인이다. KTX 정차역, 고속도로, 공항 같은 대규모 SOC

가 들어서면 관광객을 유치하는 데 큰 도움이 될 것이라는 기대가 있다. 공항의 경우에는 관광의 필수적인 시설이라는 것은 부인할 수 없다. 그러나 SOC만 갖추고 나면 당장 지역에 큰 변화가 올 것이라는 안이함은 경계해야 한다. 접근성이 개선돼서 그 지역이 발전할 수 있는 필요조건을 갖췄다는 정도일뿐이다.

'양'보다는 '깊이'

2010년 세계 최장의 새만금 방조제가 개통되고 150일 만에 관광객 500만 명이 다녀갔다. 1년 만에 700만 명을 돌파했지만 방문객은 해마다 감소하고 있다. 새만금 방조제의 시작과 끝인 전북 군산시와 부안군의 관광소득은 크게 달라지지 않았다. 방조제라는 인공 구조물 외에는 존재감 있는 관광 어메니티(amenity)와 '가치'를 만들어내지 못했기 때문이다.

스스로 새로운 부가가치를 만들어낼 수 있는 내재적인 역량을 갖추지 못하면 외부의 어떤 도움도 그 지역에 긍정적이고 지속적인 변화를 만들어내기 어렵다. 겉보기에 활기가 느껴질 수도 수도 있지만 그것은 지역경제에 부가가치의 형태로 스며들지 않는다. 단지 그렇게 보여주고 싶은 지자체 관계자들과 이해관계가 얽혀 있는 사람들의 바람일뿐이다. 지역의 자립적 가치 창출 없이 외부 동력에만 기대는 것은 대단히 안이한 발상이다.

관광정책에서도 뜬구름 잡는 식의 접근을 경계해야 된다. 단순히 '방문객 수가 늘었다', '대흥행을 이뤘다'는 식의 언론 홍보는 도움이 되지 않는다. 중요한 것은 장기적으로 지역에 '축적'이 있어야 되는 것이다. 축제 때의 열기, 떠들썩함을 재방문, 지역내 소비같은 구체적인 형태로 연결시키는 것이다.

방문객 수의 거품을 걷어내고 차분히 들여다보자. 축제 때 그 지역을 방문해서 줄을 서서라도 기다렸다가 꼭 먹고 싶고 보고 싶고 사고 싶은 콘텐츠를 확보하고 있는가. 그렇게 해서 관광객들이 그 지역에서 얼마나 돈을 쓰고 갔는가. 축제의 목표는 관광객수가 아니라 관광객의 1인당 객단가(客單價), 체재 일수가 돼야 한다. '수치'를 쫓다 보면 '깊이'를 놓친다. 지역 관광에서 경쟁력의 본질은 '관광자원', 전통시장의 본질은 '점포'이다.

'비전'은 왜 공유되지 않나

대통령 후보부터 지방의원 후보까지 모두 선거 때가 되면 주민들을 위해 무언가를 해주겠다고 공약한다. 주민들에게 무엇인가를 함께 해보자고 요청하는 후보는 찾아보기 어렵다. 지역 주민을 지역 발전의 '주체'로 생각하기 보다는 공공서비스의 수혜 대상으로만 바라보기 때문이다.

"우리가 뭐 할 줄 아는게 있나요?" 시골 마을에서 만나는 주민들의 일반적인 반응이다. 마을에 무엇이 부족하고 문제인지도 알고 있다. 중요한 것은 '내'가 나서서 뭔가를 하겠다는 '당사자의식'이 없다는 것이다. '위기'는 인정하지만 내가 아니라 정부와 자치단체가 나서서 해결해야 되는 문제라는 인식이다. 공무원들이 하자는 대로 따라가고 컨설팅 업체가 써준 사업계획서대로 마을 활성화 사업이 이뤄진다. 자치단체는 중앙정부만 바라보고, 주민들은 자치단체만 바라보고 민간은 자치단체의 보조금만 바라보는 경우가 최악의 시나리오다.

자치단체나 각종 마을사업에서 내놓는 '비전'이라는 것은 그냥 '용역 보고서' 일뿐이다. 주민들이 사업의 '비전'을 공유(共有)하지 못하는 것은 첫째, 사업 목표, 비전을 만드는 작업에 구성원들이 참여하지 않았기 때문이다. 자치단체의 비전뿐만 아니라 농촌마을 활성화 사업, 원도심 활성화 계획 등도 컨설팅 회사가 만들어서 손에 쥐어준다. 용역 보고서가 지역 주민의 의지, 열정의 결정체가 아니라 예산을 따기 위해 정부 요구에 맞춘 보고서이기 때문이다. 스스로 생각하지 않으면 실행할 수 없다.

둘째, '보이지' 않기 때문이다. 비전(vision)은 '눈에 보인다'는 뜻을 가지고 있다. 하지만 보이지 않는 것은 보고서에 나와있는 목표, 비전이 구성원들의 피부에 와닿지 않기 때문이다. 일자리 OOO 개, 소득 OOO 원과 같은 수치가 막연하게 느껴지는 것도 '실현 가능성'을 가늠할 수 없기 때문이다. 비전은 '계획+실현가능성'이라고 할 수 있다. 남이 세워놓은 데다 실현 가능성도 뜬 구름 잡는 식이기 때문에 '비전'이 눈에 들어오지 않고 공유되지 않는 것이다.

무라카미시(村上市), 지도 한 장의 마술

일본 무라카미시(村上市)의 마을 활성화 사례는 '비전'을 만드는 것의 본질이 무엇인가를 보여준다. 1998년 키카와 미키(吉川美貴)씨는 마을에 남아 있는 마치야(町屋: 점포와 살림집이 붙어 있는 전통 주택)의 가능성에 주목했다. 마치야에는 일본의 전통 거실이 보존돼 있었다. 키카와씨는 마치야에서 영업을 하고 있는 상점을 일일이 방문해서 주택 내부를 구경할 수 있도록 관광객들에게 개방해줄 수 있는지를 타진했다.

그때까지 마치야에 사는 주민들은 물론, 지자체 직원들도 마치야가 관광객을 불러들일 정도로 매력 있는 건물이라고는 생각하지 못했다. 술집, 과자점, 찻집, 염색집, 생선요리집 등 22개 점포가 주택 내부 공개에 동의했다. 키카와씨가 만든 관광지도에 이 점포들을 올려주는 조건이었다. 상인들은 이것이 무슨 효과가 있을까 반신반의했다. 하지만 자기 돈이 들어가는 것도 아니고 관광지도에 올려서 가게 홍보까지 해준다니 한번 따라 해보자는 심정이었다.

키카와씨는 그 관광지도를 신문지 사이에 끼워 부근 지역 10만 세대에 배포했다. 중소도시에서는 금새 입소문을 타기 시작했다. 이 소식이 지역 신문, 방송에 잇따라 소개됐고 그러면서 생각지도 못했던 일이 벌어졌다. 상점가에 지도를 손에 쥔 관광객들이 하나 둘씩 나타난 것이다. 거짓말처럼 가게에 들어와서 마치야를 보여 달라고

무라카미시(村上市)의 상인들은 전통 목조주택을 활용해서 상점가 활성화를 추진했다. 자치단체와는 다르게 회의 한번 열지 않고 성과를 만들어냈다.

요청하기 시작했다. 상점가에 유동인구가 증가하면서 활기가 넘쳤고 가게 매출에도 크진 않지만 도움이 됐다. 키카와씨는 상인들과 회의 한 번 열지 않고 사업을 실행으로 옮긴 것이다.

두 번째로 키카와씨는 각 점포에 전해내려오는 인형을 전시하자는 아이디어를 제안했다. "인형을 점포 진열대에 장식해서 관광객들에게 보여주지 않겠습니까"라며 이전처럼 가게를 돌면서 협조를 요청했다. 3주 만에 110채의 점포를 방문해서 60채의 참가를 얻어냈다. 이미 관광 지도를 통해서 가능성을 확인한 상인들은 호의적이었다. 이렇게 해서 2000년 3월 1일 '전통가옥의 인형 순례'(町屋の人形さま巡り) 행사가 개막됐다.

새로운 아이디어를 제안해서 실행에 옮길 때 중요한 것은 구성원들의 마음을 하나로 모으는 것이다. 그러기 위해서는 이 아이디어가 성공할 수 있다는 것을 가능한 조기에 보여줘야 한다. 키카와씨가 실행한 방식은 함께 모여서 머리를 맞대고 회의를 하고 사업 계획을 논의하는 일반적인 방식과는 거리가 멀었다. 회의를 하기 전에 먼저 뜻을 같이하는 사람들만 모아서 '성과' 중심으로 일을 시작했고 성과가 눈에 보이자 나머지 상인들이 곧바로 팔을 걷어붙이고 따라왔다. '비전'을 용역 보고서가 아니라 '가능성'으로 제시한 것이다.

비전은 '성공 가능성' 보여주는 것

경남 합천군의 양떡메 정보화마을은 정보화마을의 교과서처럼 알려진 마을이다. 2003년 합천군은 여성 이장을 뽑는 마을에 3천만 원의 사업비를 지원하겠다고 발표했다. 양떡메 정보화마을의 성영수 운영위원장은 합천군의 첫 여성이장이다. 당시 성영수 이장은 이때 지원받은 예산을 찜질방을 만드는데 사용하기로 했다. 도로를 확포장하는 것보다 농사일에 지친 주민들에게 실질적인 도움이 되는 사업을 하고 싶었다. 찜질방이 만들어지자 남녀 주민들이 하루씩 번갈아가며 사용했다. 이장을 잘 뽑아놓으니 마을에 도움이 된다는 것을 주민들이 피부로 느끼게 됐다.

마을 활성화라는 것은 '우리 주민들이 힘을 합쳐서 마을을 활성화시켜보자' 그런 마음으로만 추진되는 것은 아니다. 오히려, 가게 매출을 올려보자, 농산물을 제 값 받고 팔아보자라는 대단히 개인적인 이익을 추구하는 것으로 시작되기도 한다. 그런 목표를 가지고 열심히 하다 보면 그 결과로 인해서 마을에 활기가 넘치는 것이 마을 활성화의 실제다.

정부 사업은 예산 집행이라는 한정된 시간축에서 추진된다. 그러다 보면 구성원들이 충분히 생각하고 고민하고 가능성을 확인하고 의지를 다져가는 과정이 생략된다. 어떤 마을로 발전시키고 싶은지 주민들의 마음을 읽어 꽃밭가꾸기 같은 작은 사업부터 시작해서 마을식당, 마을빈집을 활용한 커뮤니티 센터 등으로 단계적으로 사업을 키워나간다. 이런 시간을 통해서 주민들이 참여하고 주도해서 작지만 만족감, 자신감을 느끼며 성장하는 것이 마을만들기다.

따라서, 마을이나 상점가 활성화사업을 할 때 구성원들의 참여를 끌어내는 방법은 이 사업이 본인들에게 도움이 된다는 것을 최대한 빨리 느끼게 해주는 것이다. 당장 돈이 들어오지 않더라도 이 사람 말대로 따라 하면 '뭔가 되겠구나' 하는 가능성을 증명해 내는 것이다. 그러기 위해서는 사업을 눈에 보이는 형태로 드러내서 이 사업이 어떤 것인가를 주민들이 쉽고 빠르게 이해하도록 해주는 것이 중요하다. 키카와씨는 시간을 들여 전체 구성원들의 '합의'를 얻어서 사업을 추진하기보다는 뜻이 맞는 핵심 멤버끼리 먼저 치고 나가는 방식으로 사업을 성공시켰다.

양떡메 정보화마을의 성영수 이장은 주민들의 마음 속에 담겨 있는 수요를 정확히 포착해서 사업으로 이끌어 냈다. 반대를 찬성으로 바꾸는 힘은 '성공 가능성'이다. 반대가 찬성으로 바뀌면 더욱 강한 엔진이 될 수 있다. 탄탄한 리더십도 사업을 성공으로 이끄는 관건이다. 주민들보다 더 절실하고 과감한 단체장의 리더십이 있어야 한다. 단체장이 스스로 무언가를 내려놓거나 기득권을 포기하는 강력한 이니시어티브를 취했을 때 주민들은 마음을 열게 된다 (참고: 193P.)

성매매 집결지의 도시재생

일본 요코하마시(横浜市)의 지하철 히노데(日ノ出)역 부근에서는 270여 개의 점포가 성매매 영업을 했다. 주민들이 주거환경을 해친다며 크게 반발했고 2005년 경찰이 집중단속을 실시해 성매매 점포가 모두 문을 닫았다. 문제는 그 다음부터였다. 성매매는 사라졌다지만 어두운 이미지 때문에 도심의 섬으로 남게 된 것이다. 요코하마시가 선택한 카드는 '문화의 거리' 였다.

첫 번째 시도로 2008년부터 대규모 아트 페스티벌, '코가네쵸(黃金町) 바자(bazaar)'를 개최하고 있다. 한 달 가까이 열리는 이 페스티벌에는 전국에서 화가, 음악가, 사진가, 건축가, 디자이너 등이 참여한다. 또, 거리 곳곳에 벽화와 예술작품이 설치됐고 카페, 서점, 공방 등이 조성되며 거리의 모습이 바뀌기 시작했다. 80개의 문화 관련 공간이 들어섰고 50개 팀의 예술가들이 아트 레지던시(art residency)의 형태로 예술 활동을 하고 있다. 요코하마시는 해마다 10억 엔이 넘는 예산을 문화의 거리에 지원하고 있다.

요코하마시의 문화의 거리는 성공한 사업이라고 말할 수 있을까? 원래 이곳은 문화, 예술과는 거리가 먼 곳이었다. 문화, 예술의 뿌리가 전혀 없는 곳에 문화, 예술을 인위적으로 이식하는 방식으로 조성됐다. 시행착오, 진통이 불가피하고 시간도 오래 걸린다. 결정적으로 '문화의 거리'라는 도시 재생사업이 성공하려면 그곳에서 지속적으로 생산, 창작활동이 이뤄져야 한다. 그것이 정부 보조에 의지하지 않고 자생력을 가질 수 있어야 하고 이를 통해서 '마을,' '공동체'로서 뿌리를 내려야 된다.

정부와 지자체가 조성한 각종 인공(人工) 테마마을이 성공하지 못하는 이유가 여기에 있다. 정부 예산으로 시설은 지어놓았지만 이용하는 사람이 적고 생산활동이 지속적으로 이뤄지지 않기 때문이다. 벽화를 그려놓았다고 해서 벽화마을, 문화마을이 되지는 않는다. 단조로운 경관에 활기를 불어넣을 수는 있지만 그 이상으로 마을의 삶의 조건을 변화시키거나 삶을 풍성하게 하지는 못한다. 생산활동으로 연결되고 주민들이 정착해서 삶의 터전에 필요한 식당, 슈퍼,

노래방, 술집 등의 근린생활시설이 들어서면서 '마을'의 물리적 조건이 갖춰진다. 이를 바탕으로 '공동체'가 만들어지면 마을에 근접한 형태가 됐다고 할 수 있을 것이다. 예술창작을 바탕으로 한 스타트업이 가세한다면 문화마을 공동체는 더 탄탄해진다.

　　문화의 거리는 예술의 힘으로 시작했지만 최종적으로는 그곳에 사는 주민들의 일상 공간이 돼야 지속 가능하다. 어쩌다 한번 들르는 특별한 장소로서 '문화공간'에 그쳐서는 생명력을 찾기 어렵다. 예술가들과 지역주민이 자연스럽게 어우러지는 삶 속에 예술이 스며들 때 진정한 문화의 거리가 될 수 있다. 국내에서도 전주, 대전, 수원 등지에서 성매매 집결지를 폐쇄해서 도시재생사업을 추진하고 있다. 요코하마시가 걸어온 길을 따라 하는 것은 예산의 뒷받침이 있다면 어렵지 않을 것이다. 다만, 문화의 거리를 완성하는 것은 지역 공동체의 역량에 달려 있다. '문화시설', '문화공간'을 살리는 것이 아니라 지역 주민들이 참여하는 '문화 공동체'를 살리는 것이다.

4장.
자치단체의
짝사랑

수익률 0%, 우수 고교생

전통적으로 초중고등학교 교육의 최대 관심은 학생들을 명문 대학에 진학시키는 것이었다. 자치단체들은 체육관, 급식실을 지어주거나 서울에 지역 출신 대학생을 위한 기숙사를 건립하는 것이 교육에 관심을 갖는 것이라고 생각했다. 그러나 그렇게 양성한 학생들이 고등학교를 졸업하고 수도권으로 떠나면서 이 학생들과 고향과의 관계는 사실상 단절됐다. 지역 대학에 진학했어도 대학을 졸업하고 취업을 위해서 수도권으로 떠나면 학생과 고향의 관계는 끊기게 된다.

방학, 명절 때 고향에 들르긴 하지만 지속적인 생산행위, 소비행위, 창조행위는 모두 서울에서 이뤄진다. 이 학생들이 자신의 창의력, 전문성, 잠재력을 최대한 발휘해서 인생의 꽃을 피우는 곳은 서울이 된다. 고향은 교육청, 지자체가 공적자금을 들여 애쓰게 키워놓은 인재를 서울에 뺏기는 구조이다. 공들여 육성한 지역 인재는 서울에서 생활하며 세금을 낸다. 지역으로서는 수익률 0%의 인재육성사업이다.

개발시대에 지방은 수도권에 인력을 제공하는 공급기지였다. '고향'은 태어나 유년시절을 보낸 곳이지만 성공을 향해서 서울로 떠나기 위해 준비해야 되는 곳이었다. 서울에서 가정을 꾸리고 살다 어느날 뒤돌아보면 아련한 추억만 남아 있고 더 이상 돌아갈 수 없는 곳이 돼버렸다. 너무 멀리 와버린 것이다. 내 삶의 시원(始原)이자 언젠가는 돌아와야 되는 곳이라는 귀속의식은 없었다. 1971년 존 덴버는 'Take me home countryroads'에서 고향으로 데려다 달라고(take me home to the place I belong) 노래했지만 이런 정서는 갈수록 옅어지고 있다. 지방의 인구가 계속 감소하면서 지방을 고향으로 둔 사람도 갈수록 줄어들고 있다.

마을을 버리는 학력(学力)

일본의 교육자 도이 요시오(東井義雄)씨는 오로지 도쿄로 향하는 인력을 키워내는 일본 교육의 현주소에 대해서 "학습 지도(指導)에 의해서 아이들의 학력은 신장될 것이다. 그러나 아이들이 마을과의 관계를 끊고 도시의 하늘에 희망을 그리는 것은 너무 비참하다. 그렇게 해서 양성된 학력은 출발점부터 '마을을 버리는 학력'이 돼버린다."라고 강하게 비판했다.[9] 도이 요시오는 1960년대에 이른바 '마을을 버리는 학력, 마을을 키우는 학력'이라는 개념을 제창했다. 지역의 고교생들이 공부를 잘하면 잘 할수록 더 많은 학생이 도쿄로 빠져나가고 지역은 쇠퇴하는 역설적인 상황을 지적했다.

---

9) 村を育てる学力, 著: 도이 요시오, 38P.

이렇게 해서 길러낸 학생들이 고위 공무원이 되고 사업에 성공하면 고향을 위해 무엇인가를 해줄 것이라고 기대하는 것일까? '우리 지역에서 인물을 배출했으니 좋은 것 아니냐' 또는 '지역에 일자리가 부족하니 인재들이 떠나는 것은 어쩔 수 없지 않은가' 라는 식의 접근만 있었다. 진정한 '지역 인재'란 누구인가? 지역의 인재를 어떻게 육성해낼 것인가? 지역 재생의 해법을 논의하기 전에 먼저, 이 질문에 대한 답을 고민해야 된다. 도이 요시오는 공동체를 좀 더 풍요롭게 만드는 교육으로 그 본질을 바꿔야 한다고 주장했다.

후쿠이현지사의 고민

2006년 10월, 일본경제신문에 '고향(ふるさと) 기부금 공제 도입을' 이라는 글이 실렸다. 글의 주인공은 니시카와 잇세이(西川 一誠) 당시 후쿠이현지사(福井県知事) 였다. 이 글은 일본 사회에 큰 반향을 불러 일으켰다. 곧바로 2007년 총무성이 '고향 납세(ふるさと納税) 연구회'를 설치했다. 니시카와 후쿠이현지사는 광역자치단체를 대표하는 위원으로 선임돼 이 제도의 필요성을 적극적으로 설득했고 마침내 제도가 시행되도록 하는 견인차 역할을 했다. 즉, 니시카와 전 지사는 고향 납세(ふるさと納税)의 발안자다. 우리의 '고향사랑 기부금제'는 고향 납세의 기본 개념을 활용하고 있다.

니시카와 전 지사는 '후루사토의 발상'(ふるさとの発想)에서 이 제도를 제안하게 된 당시의 시대적 배경을 설명한다. 2009년 후쿠이현의 인구는 82만 명으로(2022년 현재 75만 명) 해마다 3천여 명의 청년이 진학, 취직 등의 이유로 지역을 빠져나갔다. 이 가운데 돌아오는 청

년은 1천여 명밖에 되지 않았다. 해마다 2천여 명이 유출되면서 인구가 감소하는 것이었다.

청년들이 고향을 떠나지 않는다면 아이 때 받았던 서비스를 어른이 돼서 세금으로 되돌려줌으로써 해당 지역의 수입, 지출이 균형을 맞출 수 있다. 그러나, 현실은 그렇지 않다. 후쿠이현의 청년이 출생부터 고등학교 졸업 때까지 받는 행정서비스의 총액은 1인 당 약 1,800만 엔이다. 대충 계산해서 수백억 엔 규모의 공적 지출이 대도시로 유출되는 것과 같다.

니시카와 전 지사는 이런 불균형을 조금이라도 완화하기 위해서는 도시와 지방이 상생할 수 있는 세제(稅制)가 필요하다고 생각했다. 타 지역에 사는 주민들(기부자)이 고향을 일방적으로 도와주는 것이 아니라 고향과 기부자들이 애향심을 고리로 해서 서로에게 도움을 주고 받을 수 있는 제도로서 고향납세(ふるさと納稅)가 역할을 할 것으로 기대했다. 고향납세의 출발은 이제 갓 고등학교를 졸업한 청년들이었다.

고향은 청년에게 선택지가 되는가?

진학, 취업을 위해 고향을 떠나는 청년들과 고향의 끈이 이어지지 않는 이유는 무엇일까? 끈이 약하기 때문이다. 청년들은 초중고교 시절에 고향을 염두에 두고 자신의 '꿈'이나 '비전'을 키우지 못했다. 다양한 지역 활동을 통해서 지역을 경험하거나 지역, 고향에 대한 나름의 주관을 형성하지 못한 데서도 근본 원인을 찾을 수 있다.

지역사회와 교육이 학생들의 지역적 정체성을 키워주는 중요성을 인식하지 못했던 것이다. 지역의 매력을 충분히 느끼고 자긍심을 마음에 담아두기도 전에 학생들은 고향을 떠났다.

지금까지 자치단체들의 청년 정책은 지역의 청년들이 유출되지 않도록 하거나 외지의 청년을 유치하는 데 초점이 맞춰져 있었다. 그러나 청년들이 본인의 선택에 따라 기회를 찾아 그 지역을 떠나는 것을 막는 것은 그 학생의 잠재적인 가능성을 훼손하는 것이기 때문에 최선이 될 수 없다. 오히려 관심을 가져야 되는 것은 그렇게 떠난 청년들과의 연계 방안이다. 그러나 자치단체들은 지역을 떠난 청년에 대해서는 더 이상 손 쓸 길이 없다고 판단했을까, 정책의 대상으로 전혀 고려하지 않았다.

이미 고향을 떠난 청년을 미래에 어떻게 지역으로 환류(還流) 시킬 것인가? 이들이 직장을 다니다 30대 후반부터 40대 초중반에 독립할 경우에 어떻게 하면 고향에서 창업하게 만들 것인가. 이들과 손을 잡고 어떻게 하면 지역에서 새로운 기회를 만들 것인가, 이제라도 자치단체들이 공적 영역에서 끌어안고 고민해야 될 사안이다. 이들을 다시 고향으로 불러 들이려면, 또 이들이 고향으로 눈을 돌리려면 먼저 '고향' 이 이들의 선택지에 들어있어야 한다.

" 지역의 고등학교는 도쿄대학 입학자를 내는 것을 목표로 했다. (지방은) 자신의 손으로 우수한 청년을 도쿄로 보내는 노력을 필사적으로 해왔다. 떠나 보낸 청년들이 '장래, 지역으로 돌아오고 싶다'고 생각하는 매력적인 마을만들기의 노력은 충분하지 않았다," 지난

2014년 '지방소멸 보고서'를 작성한 마스다 히로야, 前 일본 총무대신의 주장이다.[10] 청년들이 서울로 향하는 것은 고향이 '가능성'을 제시하지 못하기 때문이다. 수도권으로 진학하거나 취업을 한 청년 가운데는 우수한 청년들이 많이 있다. 이들이 언젠가 고향에서 창업을 한다면 지역에는 많은 기회가 만들어질 것이다. 그 때 그 청년들을 품을 수 있는 토대를 갖춰놓아야 한다. 단순히, '당신의 고향이니 투자해주세요' 라는 감성적 접근만으로 마음을 돌리게 하기는 어렵다.

전통 공예품을 만드는 회사의 2세가 가업을 이어받는 경우를 생각해보자. 대학을 나와서 서울이나 대도시에서 직장을 다니면서 얻은 경험을 바탕으로 고향에 내려와 가업을 계승한다. 유통, 디자인 등에 있어서 선대에서 하지 못했던 시도를 할 수 있다. 해외시장 개척이나 온라인 프로모션도 추진할 것이다. 가업이기 때문에 선친이 해왔던 전통을 유지하며 본인이 시장에서 배운 전문성을 가미한다면 경영은 업그레이드되고 제품 생산의 혁신이 이뤄질 수 있다.

그러기 위해서는 유년기부터 2세의 마음속에 '고향'과 '가업' 이 들어있어야 한다. 지역의 전통 산업이 어려움을 겪는 것은 현대적인 감각, 실용성에서 뒤처지기 때문이다. 전통을 보존하기 위해 장인을 육성하는 것은 분명 중요하지만 동시에 전통에 현대적 감각을 가미해서 시대에 맞는 옷을 계속 '창조'해나가는 엔진이 있어야 전통이 힘을 잃지 않는다. 유능한 청년들이 전통 산업에 뛰어들수록 새로운 가치가 창출될 것이다. '고향' 과 연계한 '비전'을 품는 청년이 많을수

---

10) 지방소멸 창생전략편, 著: 마스다 히로야, 토야마 카즈히코

록 그 지역은 더 많은 가능성을 만들어낼 수 있다. 전통산업의 가치를 인식하는 안목에 대도시의 경험이 결합됐을 때, 전통산업에 새로운 부가가치가 싹틀 수 있다.

창의, 혁신의 불임(不姙) 지역

젊은이들에게 지방은 3無 지역이다. '재미'가 없고 '기회가' 없고 '가능성'이 없다. 재미 있는 일도 없고 일자리를 얻기도 어렵고 가능성도 보이지 않는다. 그 끝에는 탈(脫)지방이 기다리고 있다. 인구가 줄어들면 생산가능인구가 감소해서 소비가 줄어들고 생산이 위축돼 경기가 활력을 잃는다는 점이 큰 문제점으로 지적된다. 그런데 지방에는 생산가능인구의 감소 못지 않게 청년 유출이 가져오는 치명적인 부작용이 있다. 혁신, 창의, 창조성이 크게 위축돼 지역의 질적 성장이 멈춘다는 것이다.

지식정보사회에서는 제조업보다는 서비스업의 부가가치가 큰 비중을 차지하게 된다. 서비스업 부가가치의 근원은 '창의'와 '혁신'이다. MIT에서 창의적 학습방법론을 연구하는 미첼 레스닉 교수는 '과거에 사람들은 일을 해내기 위해 단계에 따라 규칙과 방법을 반복하며 많은 시간을 소비했지만 컴퓨터와 로봇이 이런 작업을 상당 부분 대신하면서 사람들은 상상력과 창의성을 요구하는 분야에 더 많이 집중할 수 있는 자유를 획득했'고 지적한다.[11] 혁신은 새로운 것을 추구하는 모험심과 도전에서 나온다. 치열한 경쟁, 이종(異種)간의

---

11) 미첼 레스닉의 평생유치원, 著: 미첼 레스닉 Mitchel Resnick, 26P.

결합이야말로 '혁신'을 잉태하는 환경이다. 도시의 경쟁력은 인구의 '집적'에서 나온다. 많은 사람들이 좁은 공간에 모여 있어서 대량 소비가 이뤄지고 여기에 맞춰 대량 생산이 뒷받침됨으로써 경제가 계속 성장하게 된다. 인구집적이 계속 집적을 불러오고 다양한 접촉, 교류, 결합이 이뤄지게 된다.

그러나 지방의 소도시, 농산어촌에서는 '집적'의 효과는 기대하기 어렵다. 비슷한 교육, 배경, 직업, 정서를 가진 사람들끼리 새로운 아이디어로 연결되는 자극을 받기는 어렵다. 향토심, 단합, 공동체와는 맞지만 화학적 결합을 통해서 서로를 자극하며 새로운 발상을 도출하는 데는 한계가 있다. 청년들까지 떠나게 되면서 인적(人的) 구성은 단조로워지고 지역의 다양성, 매력, 생산적인 긴장감도 떨어진다. '창의'가 사라지고 '도전'이 결여된다. 새로움이 없으니 '혁신'이 만들어지기 어렵고 당장 의존하게 되는 것은 '답습'(踏襲) 과 '모방' 뿐이다. '앞'을 보지 못하고 '뒤'를 돌아보고 결정하게 된다.

다른 배경을 가진 사람들이 자주 만나서 회의를 하고 커피 마시고 술 마시고 교류하면서 자연스럽게 지적(知的) 으로 서로를 자극하며 새로운 시사점, 영감을 주고 받을 수 있다. 여기서 얻은 힌트, 발상을 여러 가지로 조합해보고 체계화시키면 그것이 곧 혁신이 된다. 다양한 형태의 교류, 업무제휴, 거래 외에도 비공식적인 만남, 교제 그리고 급변하는 사회적 환경에 적응하려는 다각적인 노력 등도 창의적 발상, 혁신 등이 나올 수 있는 조건이다. 활력 있는 도시는 사람과 사람의 커뮤니케이션, 교류, 물리적 접점을 늘려나갈 수 있는 도시다.

지역의 미래는 '창조인재'

"지역만들기의 요점은 그곳에 무엇이 있느냐가 아니라 어떤 사람이 모이는가입니다. 사람이 모여 무엇이 태어나는 것이 아닌가라고 생각합니다." 기업의 위성사무소를 유치하고 지역에 필요한 인재를 불러 들여서 일본에서 큰 주목을 받고 있는 가미야마정(神山町)의 NPO 법인 그린밸레의 오미나미 신야(大南信也) 이사장은[12] 창조성의 중요성을 이렇게 설명한다. 오미나미 이사장은 크리에이티브 (creative) 한 사람이 모이는 양질의 가치 창조의 장소를 만들면 거기서부터 '물건'은 얼마든지 만들어지므로 먼저, 사람이 모이는 마음 편한 장소를 만든다는 것이 지금의 가미야마(神山)가 걸어가는 방향이다고 설명한다.

캐나다 토론토대 경영 대학원의 리차드 플로리다 교수가 제창한 창조도시(創造都市論)에 따르면 포스토 공업시대의 선진국 경제는 새로운 아이디어, 기술, 콘텐츠의 창조에 의해 성장한다. 테크놀로지, 금융, 디자인, 아트 등 창조적 산업을 담당할 크리에이티브 클래스(creative class) 가 모여드느냐에 따라서 도시의 경제성장의 격차가 결정된다. 따라서, 농업이든 관광이든 요식업, 서비스업이건 '혁신'(innovation)을 일으키거나 일자리를 만들어낼 수 있는 인재를 지역으로 유치하는 것이 중요하다.

생산성이 높은 인재를 유치함으로써 지역 산업의 생산성을 끌

---

12) 창조농촌을 디자인하라, 著 사사키 마사유키, 346P.

어올릴 수 있다는 것이다. 멋있고 유능한 사람들이 모여들어 성과를 냄으로써 그곳의 가치가 올라가고 그 가치가 인근으로 연계되고 파급되면서 결과적으로 그 지역이 갖는 가치가 상승하는 것이 지역재생의 과정이다. 이다 야스유키(飯田泰之), 메이지 대학 정치경제학부 교수는[13] 인구전략의 기본적인 목표는 머릿수가 아니라 생산성 높은 인구의 확보여야 한다고 지적한다. 이다 교수는 크리에이티브 한 인간이 요구하는 것은 질 높은 쾌적함, 경험, 다양성에 대한 관용, 그리고 크리에이티브한 인간으로서 자신을 드러낼 수 있는 기회라고 주장한다.

'아이디어' 총량 늘려야

지역은 많은 아이디어가 생산되는 공간이어야 한다. 많은 아이디어가 시도돼야 성공하는 아이디어가 나올 가능성도 커진다. 청년인구가 감소하면 그만큼 그 지역에서 만들어지고 시도되는 아이디어의 총량도 줄어들게 된다. 아이디어가 나오기 쉬운 환경을 조성하는 것이 이노베이션(innovation)을 일으킬 수 있는 전제 조건이다.

"1년에 2만 개가 팔리는 소라 카레를 발굴한 것은 이 섬을 방문한 청년이었습니다. 젊은이들의 아이디어가 히트 상품으로 연결됐습니다" 2014년 9월 아베 수상이 일본 국회에 출석해 지역 활성화의 대표적인 사례로 소개한 곳이 있다. 시마네현(島根県)의 외딴섬 나카노시마(中ノ島)의 자치단체, 아마쵸(海土町)다.

---

13) これからの地域再生, 著: 이다 야스유키, 77P.

아마쵸는 섬의 자원을 상품으로 개발하기 위해 1998년부터 상품개발 연수생 제도를 운영하고 있다. 외부의 시선으로 들여다보면 섬 주민들이 미처 생각하지 못한 아이디어가 나올 수 있을 것이라고 기대한 것이다. 외부의 청년들을 연수생으로 채용해서 한 달에 15만 엔씩 1년 동안 지급한다. 소라 카레는 상품개발 연수생의 작품이다.

원래 아마쵸 주민들은 섬에서 쉽게 구할 수 있는 소라를 쇠고기 대신에 카레에 넣어 먹는다. 이 모습을 특이하게 지켜봤던 한 상품개발 연수생이 소라를 넣은 카레를 만들어 보면 어떻겠냐고 제안했던 것이다. 이 제안을 바탕으로 아마쵸의 공무원들이 2년 동안 매달려 마침내 '소라 카레'를 출시하게 됐다. 아마쵸의 독특한 식(食) 문화가 부가가치의 원천이 됐다. 이노베이션에서는 다른 관점을 창조적으로 조합해가려는 노력이 중요하다. 인구가 감소하고 청년이 빠져나가면서 줄어드는 아이디어를 어떻게 보충할 것인가. 외부에서 아이디어를 끌어오는 방안, 각종 콘테스트를 열거나 외부자의 시선을 빌리는 방안 등 부족한 아이디어를 채워 넣으려는 적극적인 노력이 앞으로 더욱 중요해질 것이다.

개방적인 도시가 선택 받는다

일본 총무성은 2009년부터 지역 부흥 협력대(地域おこし協力隊)를 운영하고 있다. 도시 주민들이 주로 과소(過疎) 지역에서 1년에서 3년까지 머물며 지역 홍보, 상품 개발, 마케팅 등에 참여하는 사업이다. 지역 부흥 협력대의 근무 방식, 처우 등은 자치단체마다 다르다. 홋카이도(北海道) 시모카와쵸(下川町)의 경우에는 주 5일, 하루 8시간

근무에 월 20만 엔을 급여로 지급한다.

2020년 기준으로 1,065개 자치단체에 5,556명의 협력 대원이 활동하고 있다. 협력 대원의 70%는 20-30대다. 한창 활동할 나이의 20, 30대가 농산어촌에서 함께 거주하며 머리를 맞대고 그 지역의 문제를 해결해나간다는 것은 그 존재만으로도 큰 도움이 된다. 특히, 활동 기간이 끝난 협력 대원의 60%는 현지에 정착하고 이 가운데 40%는 농가 레스토랑, 농산물 가공, 카페, 숙박업 등을 창업했다. 대부분 그 지역에 정착하는 것을 염두에 두고 협력 대원으로 참여했다. 그 지역에 관심을 가진 젊은이들이 스쳐 지나가지 않고 그대로 뿌리를 내리면 그 지역에 대단히 큰 힘이 될 것이다.

"샌프란시스코 베이는 전 세계에서 스타트업 생태계가 가장 앞서가는 곳으로 종사자의 3분의 1이 한국, 인도, 중국, 유럽 출신입니다. 다양한 국적, 다문화는 물론 성 소수자와 종교단체 등 다양성을 열린 마음으로 받아들이는 도시가 창의·혁신을 발휘한다는 것을 알아야 합니다," 리차드 플로리다 교수의 주장이다. 그가 말한 창조도시의 3요소(tolerance, technology, talent) 가운데는 관용(tolerance)이 들어 있다. 그는 서울이 인재풀은 세계 1위지만 관용에서는 70위권이라고 지적했다.[14]

변화, 새로운 시도에 따른 성공과 실패, 시행착오가 가져오는

---

14) '창조경제의 원조' 리차드 플로리다 "서울시민 50%가 창조계급", 중앙일보, 2019.9.4

지식의 '축적'과 이를 자양분으로 한 '성장'이 이뤄지지 않으면 그 '지역'은 멈춰서게 된다. 크리에이티브 클래스가 살고 싶어하지 않는 도시는 경제적으로 계속 뒤처지게 된다. 모로토미 토오루(諸富 徹) 교토 대학 교수는 '인구감소시대의 도시'에서 창조성은 인간 사이의 상호작용에 의해서 자극되며 창조성을 발휘하기 위해서는 인간 사이의 신뢰에 기초를 두는 사회관계자본이 풍성하게 갖춰지는 것이 바람직하다고 주장한다.

가나자와(金沢)의 저력

지역에는 돈도 없고 기업도 없다. 하지만 더 주목해야 되는 것은 지역을 이끌고 갈 '인재'가 부족하다는 것이다. 국가예산을 확보하기 위해 들인 공의 절반만이라도 인력을 양성하고 우수 인력을 확보하는 데 쏟는다면 지역에서 더 생산적인 변화가 이뤄질 것이다. 유능한 인재를 키워내는 것은 시간이 오래 걸리고 당장 빛이 나지 않지만 중장기적으로는 지역의 운명을 결정하게 된다. 인재를 확보하는 데는 그 지역에서 키우거나 발굴하거나 이것도 안되면 다른 지역에서 스카웃하는 방식이 있다.

일본 가나자와(金沢)는 26종류의 전통공예가 전승돼 교토(京都) 다음으로 많은 전통공예의 기반을 갖추고 있다. 전통공예와 관련된 제조업체가 900여 개다. 1946년 일본이 패전의 잿더미에서 벗어나지 못하고 있던 때, 가나자와시(金沢市)는 가나자와 미술공예전문학교를 설립했다. 이 학교가 현재 일본의 3대 공립 미대(美大)로 평가받는 가나자와 미술공예대학의 전신이다. 당시 인구 20만 명의 소도시가 패전의 상처 위에서 전통공예의 후계자를 양성하기 위해 시립공예전 문학교를 설립했다는 것은 확고한 철학 없이는 가능할 수 없는 일이었다. 시대를 꿰뚫어본 대단한 통찰력이 아닐 수 없다.

가나자와시는 1996년에는 가나자와 직인(職人)대학교를 설립했다. 중견 기능인을 대상으로 석공, 조원(造園), 목공, 기와, 건구(建具), 판금, 다다미 등 9개 분야에서 가나자와의 전통 기술을 전승해나갈 장인을 양성한다. 수업료는 전액 무료이고 전통건축물 분야의 각 조합에서 추천을 받은 중견 기술자들만 입학할 수 있다. 이 졸업생들이 가나자와의 전통 건축물 보수 작업에 참여한다. 가나자와시가 이런 노력을 기울이는 것은 전통 건축을 하는 장인이 계속 감소하고 있기 때문이다. 본과를 졸업하면 '가나자와 장(匠)기능사', 수복전공과를 졸업하면 '역사적 건조물 수복사'(修復士) 자격이 부여된다.

젊은 작가들이 가나자와에 정착할 수 있도록 공방 개설비도 지원하고 있다. 가나자와의 전통공예가 산업화에 성공한 것은 시대의 변화에 대응할 수 있는 지역의 인적 역량을 꾸준히 축적해왔기 때문이다. 그 바탕에서 전통에 머물지 않고 현대생활에 맞는 새로운 가치를 꾸준히 창출하며 산업적 존재감을 유지할 수 있었다.

그 결과, 가나자와의 원도심인 가나자와성에서 반경 5킬로미터 안에 미술관, 박물관, 역사관 등 34개의 시설이 집적해 있고 공예작가 140여 명의 공방, 공예숍 74개가 모여들어 가나자와 전통공예의 왕성한 생산력을 뒷받침하고 있다. 가나자와 미술공예대학의 우수한 인재들과 가나자와 직인(職人)대학교의 장인들이 양 날개가 돼 가나자와의 장인(匠人) 생산 시스템을 뒷받침하고 시대 변화에 발맞추며 전통 산업을 이끌어 가고 있다. 세계적인 창조도시, 인구 46만 명의 중소도시 가나자와의 저력은 '인재' 양성에서 나왔다.

5장.
인구 집착의
역습

일본 '기적의 마을'의 두 얼굴

일본 나가노현(長野県) 시모죠무라(下條村)는 한때 '기적의 마을'로 불렸다. 인구 4천여 명 규모의 산골에서 인구가 늘어났기 때문이다. 수도권을 제외하면 인구가 감소하는 상황에서 조그만 산골에서 인구가 계속 증가한다는 것은 신선한 '충격'이 아닐 수 없었다. 일본의 자치단체들이 들썩거렸다.

"부근의 이다시(飯田市: 나가노현의 도시)에 있는 같은 면적의 아파트와 비교했을 때 집세가 절반 정도였다는 점이 이곳으로 이주하는데 큰 영향을 줬습니다" 여섯 살난 딸을 키우는 후루타 유키코씨 부부는 2014년 시모죠무라의 공영주택에 입주했다. 월세는 35,000엔으로 다른 지역의 절반 수준이다. 이른바 청년 '반값 주택'이라고 할 수 있다.

시모죠무라는 1997년부터 2006년까지 청년반값 주택에 해당하는 청년정주(定住) 촉진주택 10동 124채를 건립했다. 입주조건은 결혼을 앞두고 있거나 아이가 있는 가정으로 지역의 소방단 활동에 참여하는 것이었다. 육아 세대를 입주시켜 인구를 늘리고 소방단 활동을 통해 지역 공동체를 활성화하겠다는 구상이었다.

청년 반값 주택은 매력적이었다. 지난 1980년대 후반 4천 명이 무너지면서 계속 감소하던 인구는 반값주택이 도입되고 1998년부터 다시 4천 명을 회복했다. 그 후 10년 가까이 4,100명 이상을 유지했다. 청년세대가 전입하는 것에 맞춰 시모죠무라는 2004년에 유아부터 중학생까지 무상 의료를 실시했고 2010년부터는 고교생까지 확대했다. 초중학교 급식비, 보육료 지원, 출산축하금, 입학축하금 등 당시로서는 파격적인 지원 정책도 추진했다. 시모죠무라는 '기적의 마을'로 알려지기 시작했고 전국의 자치단체들이 비상한 관심을 가지고 인구 정책을 배우기 위해 시모죠무라로 몰려들었다.

시모죠무라(下條村)의 '청년 정주 촉진 주택.' 이른바 '반값 주택'은 성과를 내기도 했지만 근본적인 한계에서 벗어나지 못했다.

그러나 '기적'은 오래가지 못했다. 늘어나던 인구는 2011년부터 다시 감소세로 돌아섰다. 2016년에는 4천명 선이 무너지고 현재 3,700명 수준으로 주저앉았다. 반값주택이 건립되던 10년 동안과 그 후 10년을 비교해 보면 인구 감소세가 확연하게 드러난다. 신생아 수는 456명에서 324명으로 줄었고 전입자도 1,536명에서 1,122명으로 감소했다.

'기적의 마을'에서 무슨 일이 벌어진 것일까? 인구가 다시 감소세로 바뀐 것은 시모죠무라에서 자극을 받은 부근의 자치단체들이 주거비와 보육비 지원 등의 복지 대책을 앞다퉈 도입했기 때문이다. 다른 지역을 놔둔 채 꼭 시모죠무라를 선택해야 할 이유가 줄어든 것이다. 타케무라 쿠니히코, 시모죠무라 복지과장은 "주위의 자치단체들이 저희와 똑같은 인구증가 시책을 추진하기 시작했습니다. 그쪽 지역이 교통 등이 편리하기 때문에 저희 지역에서 이다시(飯田市)로 빠져나가는 경우가 많아졌다고 생각합니다."라고 설명한다.

시모죠무라에 고등학교가 없다는 점도 중요한 원인으로 작용했다. 반값 주택에 입주해서 아이를 낳은 가정의 경우, 중학교까지는 이 지역에 머물지만 고등학교 진학을 앞두고 시모죠무라를 떠났다. 시모죠무라(下條村)는 교육에 있어서 초중고로 이어지는 완결성을 갖추지 못했던 것이다. 1997년부터 인구를 늘리기 위해 '반값 주택'을 도입한 것은 시대를 앞서간 선견지명이 아닐 수 없다. 하지만, 주거, 일자리, 교육으로 이어지는 기본적인 정주여건을 갖추지 않고서는 인구 늘리기는 지속 가능하기 어렵다는 점을 시모죠무라 20년의 역사는 생생하게 보여주고 있다.

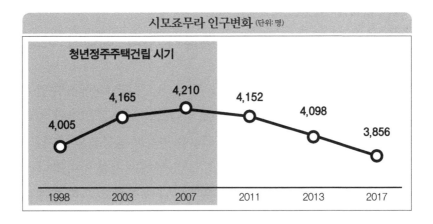

시모죠무라 인구변화 (단위: 명)

청년정주주택건립 시기

4,005 (1998)
4,165 (2003)
4,210 (2007)
4,152 (2011)
4,098 (2013)
3,856 (2017)

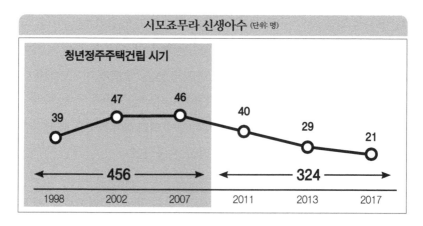

시모죠무라 신생아수 (단위: 명)

청년정주주택건립 시기

39　47　46　40　29　21

← 456 →　← 324 →

1998　2002　2007　2011　2013　2017

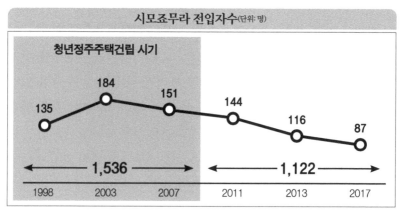

시모죠무라 전입자수 (단위: 명)

청년정주주택건립 시기

135　184　151　144　116　87

← 1,536 →　← 1,122 →

1998　2003　2007　2011　2013　2017

해남의 '기적', 해남의 '역설'

시모죠무라(下條村)와 비슷한 일이 전라남도 해남군에서도 벌어졌다. '기적'이란 찬사가 나올 정도로 전국적인 주목을 받았던 해남군은 2008년 전국 최초로 출산 장려팀을 만들고 공공산후조리원과 같은 출산 친화적인 정책을 도입했다. 2012년에는 첫째 아이에 대한 출산 장려금을 50만 원에서 300만 원으로 대폭 올렸고 그 해 합계출산율이 2.47명으로 전국 1위를 기록했다. 그 후 7년 동안 해남군의 합계 출산율은 전국 최고였다. 전국의 자치단체들이 해남으로 몰려들었다.

　　그러나 합계출산율은 2015년부터는 하락 추세를 보이고 있다. 출산장려금과 인구증가의 효과에 대해서도 논란이 제기되고 있다. 감사원 조사에 따르면 2015년의 경우, 출산장려금을 받은 부모 가운데 28.3%가 출생 직전 6개월 안에 해남군에 전입한 것으로 드러났다. 인구 유출도 발생했다. 2012년에 태어난 신생아가 그 다음 해부터 지속적으로 감소하고 있고 그 이후 태어난 신생아도 다음 해부터 줄어드는 현상을 보이고 있다.

해남군의 0세 인구 변동 현황 (2009~2018년, 단위: 명)

구분	2009	2010	2011	2012	2013	2014	2015	2016	2017	2018
0세	488	558	509	**810**	784	807	811	729	615	513
1세	561	473	549	527	**761**	701	725	720	607	563
2세	574	557	485	566	502	**651**	589	565	542	465
3세	539	541	546	488	550	485	**576**	498	501	450
4세	531	519	542	561	467	533	479	**543**	451	446
5세	581	515	525	547	543	474	538	475	**519**	431

자료: 통계청, 인구통계 현황

　　해남군 인구는 2012년 7월 78,334명에서 2022년 7월에는 66,523명으로 10년 사이에 1만 천 명이 넘게 감소했다. 출산 장려금으로 해당 지역의 출산율이 증가하더라도 지속적인 인구 증가로 이어지는 효과는 제한적인 것으로 드러났다. 2019년 기준으로 전국 226

개 기초지자체 가운데 220개 지자체가 출산장려금을 지원하고 있다. 2017년부터 2019년까지 전체 자치단체의 출산지원 예산의 60% 이상을 차지하고 있다.

지자체 출산지원 예산 규모

(2017-2019년, 단위: 백만 원, %)

	2017년	2018년	2019년
출산지원예산	299, 211	378, 768	559, 382
현금	211, 402 (70.7%)	270, 568 (71.4%)	371, 770 (66.5%)

자료: 복지부 2018.2019 지자체 출산지원정책 사례집 재구성

해남군이 출산 담당 조직을 만들고 출산, 양육 등과 관련해 앞서가는 정책을 추진한 것은 높게 평가할 수 있다. 그러나 정주여건과 삶의 조건을 매력적으로 개선하지 않은채 자연적 증가에 의한 출산 정책만으로 지역의 인구를 지키기는 어렵다는 것도 확인할 수 있다. 개별 기초자치단체의 노력만으로는 인구정책에 한계가 있다. 이주시킬 수는 있어도 정착의 형태로 완결되기에는 역부족이다. 종합적인 부처간 협업을 통해 완결성을 높이고, 출산,분만, 양육, 교육, 일자리로 이어지는 거시적인 관점이 정책의 바탕에 깔려있어야 한다.

'출산율' 보다 '출생아 수'

출산율을 올리면 인구 감소를 막을 수 있을 것인가? 출산율이 올라가도 인구는 줄어들 수밖에 없다. 왜냐하면 첫째, 아이를 낳을 수 있는 가임 여성 자체가 국가 전체적으로 감소하고 있기 때문이다. 20세에서 39세까지의 여성 인구는 2000년 815만 명에서 2017년

에 683만 명으로 132만 명이 감소했다.[15] 결혼을 선택하지 않는 비혼 (非婚)도 갈수록 늘어나고 있다. 우리나라의 혼인건수는 2011년 32만 9천 건에서 꾸준히 감소해 2021년 19만 3천 건으로(2020년: 21만 4천 건) 역대 최저 수준으로 떨어졌다

혼인건수 및 조혼인율의 변화 (2009-2019년, 단위: 천 건, %))

	2009	2010	2011	2012	2013	2014	2015	2016	2017	2018	2019
혼인건수	309.8	326.1	329.1	327.1	322.8	305.5	302.8	281.6	264.5	257.6	239.2
조혼인율	6.2	6.5	6.6	6.5	6.4	6.0	5.9	5.5	5.2	5.0	4.7

자료:통계청 / *조혼인율: 인구 1,000명 당 혼인건수

한국의 합계출산율은 2018년 0.98명에서 해마다 최저치를 경신하며 2021년에는 0.81명으로 떨어졌다. OECD 회원국 가운데 가장 낮은 수준이다. 설령, 결혼, 출산, 양육대책이 대성공을 거둬서 출산율이 극적으로 상승한다고 해도, 결혼을 해서 아이를 낳겠다는 여성이 계속 줄어든 다면 인구 대책은 한계를 드러낼 수밖에 없다. 서울대학교 보건대학원 조영태 교수는 출산율이 2045년경까지 1.3 이상으로 회복돼도 출생아 수는 30만 명을 넘어설 수 없다고 주장한다. 결혼을 해서 아이를 낳을 수 있는 여성의 수가 이미 줄었기 때문이다. 기혼 여성을 전제로 한 출산정책이 놓친 부분이다. 중요한 것은 출산율보다 출생아 수다. 서울대 사회학과 김석호 교수는 저출산 고령사회기본계획(2021년-2025년)에서 예산의 절반을 성평등 육아, 양육 지원에 투입하는 것은 수긍할 만하지만 여전히 미혼 청년을 염두에

---

15)   인구변화와 사회경제적 불균형, 著: 이철희

두지 않은 기혼자 중심의 저출산 대책이라고 주장한다.[16]

두 번째, 지방의 인구감소의 주 원인이 출생, 사망 같은 자연적 증감보다는 사회적 증감에 있기 때문이다. 사망자보다 출생자가 늘어나면 인구감소를 막을 수 있다고 생각할지 모르지만 직장, 학교 때문에 그 지역을 떠나는 사회적 유출이 더 많으면 인구는 내리막길을 걸을 수 밖에 없다. 한국지방행정연구원이 인구감소가 가장 심각한 77개 지역을 대상으로 실시한 조사에서 2000-2016년까지 자연증감은 -25만 7천 명, 사회적증감은 -91만 6천 명을 기록했다.

"정책적 노력도 마찬가지입니다. 자연적요인에 의해서 주로 지역의 인구변동이 결정되는 것이 아니고 사회적변동에 의한 것이기 때문에 출산 그 자체, 자연적 증가를 위해 노력하는 것은 효과 자체도 미미할 수 밖에 없습니다." 지방소멸 보고서를 작성한 한국고용정보원 이상호 연구원의 지적이다. 자치단체마다 출산율을 올리기 위해 경쟁적으로 출산, 보육, 양육비를 지원하고 있지만 정답이 될수 없다. 출산율이 올라가는 것은 긍정적이지만 출산율 제고가 만능인 것처럼 생각하는 것은 정책을 왜곡시켜 자원배분의 효율성을 심각하게 저하시킨다.

지자체의 패착, '인구'의 블랙홀

'지방소멸' 보고서는 인구문제의 심각성을 제대로 알린 공은 있

---

16) 청년정책이 저출산 대책의 시작이다, 동아일보, 2021. 2. 1.

지만 자치단체들이 지나치게 '인구'에 집착하게 만든 부작용도 가져 왔다. 한국고용정보원의 '지방소멸' 보고서가 가임여성을 주요 근거 로 해서 소멸위험도에 따라 전국적인 순위를 발표하면서 출산율 늘 리기가 최고의 정책 목표가 돼버렸다. 인구감소 → 지방소멸이라는 평면적인 해석만 남게 돼 지방소멸 문제에 대한 근본적이고 입체적 인 접근을 가로막았다.

출산율 감소는 경제성장, 문명 발전의 필연적인 귀결이다. 1인 가 구의 비율이 지난 1990년 9%에서 2021년에는 33%로 증가한 것도 마 찬가지다. 사회의 흐름이 개인의 자유, 인권, 脫권위쪽으로 일관되게 이동하고 있다. 이런 상황에서 정부가 개인의 선택인 출산을 공적 영 역에서 다루는 데는 한계가 있다. 근본적으로 정부가 청년들이 2세를 마음 놓고 키울 수 있는 사회에 대한 청사진을 제시하지 못하고 있다.

많은 자치단체들이 출산율을 올리고 도시민을 유치하기 위해 경쟁적으로 지원책을 내놓고 있지만 서로가 서로를 따라 하면서 장 기적으로는 같은 수준으로 '수렴' 될 것이다. 보조금을 통한 인구 유 치는 줄어드는 인구를 나눠 가지려는 소모적인 경쟁에 불과하다. 온 갖 화려한 미사여구를 동원하더라도 결국 인구통계의 분식(粉飾)을 가져올 뿐이다.

2022년 6월, 정부는 18개 부처 1급 공무원들이 참석하는 인구위 기대응 TF를 출범시켰다. 여기서 발표한 4대 분야 핵심 과제는 저출 산. 고령화 사회에 대한 대비를 제외하면 외국인 경제활동 참여 확 대, 인적자본 확충, 축소사회 유망산업 육성과 같은 산업부문에 집중돼 있다. 서울대 사회학과 김석호 교수는 '출생'은 생산가능인구 증가보다 더 심오한 우리 삶의 근본적 의미와 연결돼 있고 존중받아야하는 존재로서의 출발이라고 말한다. 출생아를 잠재적 노동력으로 간주하고 시장을 유지하겠다는 조바심에서 나온 정책이 과연 결혼과 출산으로 이어지게 할 것인가라고 반문을 제기한다.[17]

출산이란 한명의 인격적 주체로서 꿈을 실현하며 행복하게 살아가야될 한 생명의 탄생이다. 이를 경제활동인구의 증가라는 측면에서 접근해 내놓은 급조된 정책이 과연 신혼부부들에게 2세의 꿈을 갖게하겠냐는 것이다. 인구늘리기에 목을 매기 전에 인간의 존엄성, 삶의 소중함 등에 대한 근본적인 성찰이 이뤄져야 한다.

유사시 내가 기댈 수 있는 언덕이 있어서 삶의 불안이 크지 않고 패자부활전이 보장되고 좋아하는 일을 하면서도 사회인으로서의 존엄을 인정받을 수 있어서 행복하다면 2세를 갖겠다는 희망을 품을 것이다. 그래서 출산율이 올라가고 인구의 감소폭이 조금씩 줄어드는 것이다. 아무 문제의식 없이 출산율에만 매달리다 보면 출산율 자체가 목표가 돼버린다. 청년들이 미래를 꿈꿀 수 있는 사회를 만드는 것이 우선이다. 출산율은 '목표'가 아니라 '결과'로서 받아들여야 한다.

저출산 고령사회 기본법의 맹점

2050년에 50세가 되는 인구는 몇 명이 될까? 스페인 독감 같은

---

17) 청년정책이 저출산 대책의 시작이다, 동아일보, 2021. 2. 1.

전염병이나 전쟁, 대규모 이민 등이 없다면 2000년에 태어난 출생아 수에서 큰 변동이 없을 것이다. 지방의 인구가 심각한 수준으로 감소할 것이라는 것은 이미 출산율, 인구 유출, 인구 추이를 통해 충분히 예견돼왔다. 그런데도 정부가 제대로 된 대책을 내놓지 못한 이유는 어디에 있을까? 정부의 시각이 수도권 중심의 국토, 인구 정책에 갇혀있었기 때문이다. 국가적인 차원의 인구감소 문제를 최우선시하다보니 지방의 인구감소 문제는 뒷전으로 밀렸다. 대표적으로 '저출산 고령사회 기본법'을 보면 알 수 있다.

저출산 고령사회 기본계획은 인구구조의 변화에 대응하기 위한 정부 인구 정책의 기본 틀이다. 2005년 저출산.고령사회기본법이 제정된 뒤 5년 단위로 저출산 고령사회 기본계획이 수립돼 현재는 제4차 기본계획이 시행되고 있다. 정부는 저출산 기본계획에 따라 2006년부터 2020년까지 15년 동안 380조 원을 투입했지만 합계출산율이 2021년 현재, 세계 최저 수준으로 떨어지는 것을 막지 못했다.

저출산 고령사회 기본계획은 지방의 인구 감소 문제에도 제대로 대처하지 못했다. 지방의 인구가 수도권으로 빠져나가서 지방의 인구가 감소하던 수도권이 과밀이 되던 국가 전체적으로 인구 감소 폭을 줄이는 것이 정책 당국자들에게 최대 목표가 돼버렸다. 기본계획에서 제시된 정책은 주로 수도권을 포함해 대도시에 거주하는 인구를 정책 대상으로 하고 있다.

청년들은 수도권으로 계속 몰려들고 아이를 낳아서 키울 수 있는 부부들도 지방보다는 수도권에 압도적으로 많다. 반면, 서울의 출산율이 전국에서 가장 낮기 때문에 저출산 고령사회 기본계획의 초점은 서울의 출산율을 올리는 데 맞춰졌다고 할 수 있다. 2019년의 경우, 서울의 합계출산율은 0.717명으로 전국에서 가장 낮다. 광역시의 출산율도 울산광역시를 제외하면 모두 1미만이다. 반면, 9개 도 지역 가운데 7개 지역의 합계출산율이 1을 넘었다.

시.도별 합계출산율의 변화 추이

(단위: 명)

	2015년	2016년	2017년	2018년	2019년
전국	1.239	1.172	1.052	0.977	0.918
서울특별시	1.001	0.940	0.836	0.761	0.717
부산광역시	1.139	1.095	0.976	0.899	0.827
대구광역시	1.216	1.186	1.067	0.987	0.932
인천광역시	1.216	1.144	1.007	1.006	0.940
광주광역시	1.207	1.168	1.053	0.972	0.913
대전광역시	1.277	1.192	1.075	0.952	0.883
울산광역시	1.486	1.418	1.261	1.131	1.084
세종특별시	1.893	1.821	1.668	1.566	1.472
경기도	1.272	1.194	1.069	1.002	0.943
강원도	1.311	1.237	1.123	1.067	1.082
충청북도	1.414	1.358	1.235	1.172	1.050
충청남도	1.480	1.395	1.276	1.186	1.112
전라북도	1.352	1.251	1.151	1.044	0.971
전라남도	1.549	1.466	1.325	1.240	1.234
경상북도	1.464	1.396	1.256	1.167	1.089
경상남도	1.437	1.358	1.227	1.122	1.046
제주특별자치도	1.477	1.432	1.305	1.220	1.145

자료: 통계청, 2019년 인구동향조사 출생 사망통계 잠정 결과

지방의 문제는 상대적으로 합계출산율이 높지만 아이를 낳을 젊은 부부들이 적다는 단순하고 엄중한 사실에 있다. 따라서, 저출산 예산은 수도권을 위한 예산이지 지방을 위한 예산이라고 보기 어렵다. 이 예산이 효과를 봤다는 것은 수도권의 인구 정책에 도움이 됐다는 것이지 지방의 인구 감소폭을 완화했다는 뜻이 아니다. 따라서, 저출산 고령사회 기본계획이 농산어촌의 인구감소, 일자리 문제 등에 대해서 효과적인 대책을 제시했다고 보기 어렵다.

한국지방행정연구원 박진경 박사는 가임여성들은 대부분 대도시에 있기 때문에 저출산정책을 너무 강조하게 되면 대도시지역으로 국비지원이 더 많이 가게 되는 역효과가 생긴다고 지적한다. 국가 전체의 출산율을 높인다는 정책방향은 맞지만 저출산이라는 국가적 차원의 과제 속에 지역의 특수성이 묻혀버리기 때문이다. 지방소멸 지역을 대상으로 한 인구감소지역 특별법은 2022.6월에서야 국회를 통과했다. 저출산 고령사회기본법이 만들어진 것보다 17년이나 늦었다.

지방 활성화, 정부의 담대한 선언

한국노동연구원은 농촌지역의 인구, 산업구조의 변화를 설명하고 방향을 제시할 수 있는 가칭 '농촌지역 저출산.고령사회 기본계획'과 같은 새로운 틀이 모색돼야 한다고 지적하고 있다.[18] 서울대 보

---

18) 인구구조 변화 및 지방소멸에 대응하는 지역고용정책 사례 연구, 한국노동연구원, 84P.

건대학원 조영태 교수는 2005년에 만들어진 저출산 고령사회기본법으로는 지금 우리 사회가 마주하고 있는 인구감소의 문제에 제대로 대처하기 어렵다고 지적한다. 조영태 교수는 저출산 고령화가 아니라 인구변동이 가져올 2030년 이후 완전히 달라질 대한민국을 새롭게 기획할 수 있는 기능이 포함된 인구정책 기본법을 만들어야 된다고 주장한다.[19]

국가주도의 개발 시대에는 자원과 기회를 수도권에 집중시키는 것이 효율적이었다. 하지만 집중이 심화되면서 발생한 '지방 소멸'의 문제는 지방의 쇠퇴뿐만 아니라 국토 전체의 심각한 불균형, 성장동력의 위축, 삶의 질 하락으로 이어지게 된다. 지방에 대한 배려를 넘어 국가의 생존 전략으로서 '지방 살리기'를 고민해야 한다.

일본 정부는 도쿄 수도권의 과도한 집중과 지방소멸을 극복하기 위해 2014년부터 '지방 창생(地方創生)'이라는 국책사업을 일관되게 추진해오고 있다. 이 사업이 중앙정부 중심의 탑다운(top-down) 방식이라는 한계를 안고 있지만 '지방 재생(再生)'을 국가적 어젠다로 정했다는 것은 시사하는 바가 크다. 그러나 우리 사회에서는 '지방 소멸'에 대한 논의가 '지방'의 영역에만 머물러 있다. 과감한 정치적 리더십을 통해 '지방 살리기'를 주제로 한 파격적이고 담대한 '지방 활성화' 선언이 나와야 한다.

대통령선거에서 주요 후보가 지방 살리기에 대한 혁신적인 청

---

19) 인구정책 담을 새로운 기본법 필요하다, 중앙일보, 2021.11.12

사진을 공약으로 채택해서 사업을 추진할 수 있는 국민적 공감대(consensus)를 확보하는 것이다. 정부가 국민적인 에너지를 모아서 '지방'으로 지혜, 자원, 인재가 집중되는 선순환 구조를 만들어 내는 것이 핵심이다. 합계출산율보다도 청년들이 미래에 희망을 품고 결혼, 출산, 양육할 수 있겠다는 비전을 정부가 제시해야 된다. 자치단체들이 인구 유출을 막기 위해 '잔재주'를 부리며 제 살 깎아먹기 식의 경쟁을 하지 않도록 중앙정부가 중장기적 관점에서 이 문제에 대해서 과감한 해법을 내놓아야 된다.

예견된 미래, 인구 감소 사회

2021년 11월 1일 기준 국내 총인구는 51,738,000명이다. 1년 전보다 91,000명이 감소해 지난 1949년 센서스 집계 이후 처음으로 감소했다. 정부는 2070년에는 1980년대 초반 수준인 3,700만 명대까지 감소할 것으로 전망하고 있다.[20] 소멸이 우려되는 지역들은 앞으로 본격적으로 닥쳐올 인구감소라는 거대한 파도의 실체를 인정해야 한다. 여기에 저성장, 생산가능인구의 감소, 공공투자의 축소는 지방을 더욱 어렵게 만들 것이다.

전남의 한 자치단체가 2016년에 수립한 도시기본계획에 따르면 2020년의 계획인구는 210,000명이었다. 자연적 증가 인구 54,000명에 사회적증가 인구가 156,000명이다. 하지만 2022년 6월 이곳의 인구는 계획인구의 4분의 1수준인 53,052명에 그쳤다. 도시기본계획

---

20) 2021년 인구주택총조사 결과, 2022. 7. 28

을 세웠던 2016년보다 오히려 4,000명 넘게 줄었다. 이 자치단체 인구는 2011년 64,746명에서 꾸준히 줄어들어서 10년 만에 만 명 가까이 감소했다.

2015년 일본 교탄고시(京丹後市)가 발표한 인구 비전도 많은 논란을 불러일으켰다. 일본 국립사회보장인구문제연구소는 2060년 교탄고시의 인구가 26,000명 수준으로 감소할 것으로 전망했다. 이는 2005년부터 2010년 사이의 인구 동태 추이를 바탕으로 했다. 반면, 교탄고시의 인구목표치(인구 비전)는 이보다 5만 여명이나 많은 75,000명이었다.[21] 교탄고시(京丹後市)는 2060년까지의 출생률이 교탄고시의 과거 출산율 최대치였던 2.32명이 유지된다는 것을 전제로 하고 있어서 장밋빛 전망이라는 해석이 우세했다. 교탄고시의 인구는 인구비전을 작성한 2015년 4월 58,023명에서 2022년 4월에는 52,415명으로 감소했다.

주택, 도로, 상하수도, 폐기물 처리시설을 비롯한 기본적인 공공시설과 사회 인프라는 계획인구를 근거로 확충된다. 때문에 과다 수요에 근거해서 과잉공급이 이뤄지면 가동률 저하, 유지관리비 부담 등의 예산낭비로 이어질 수 밖에 없다. 인구 감소시대에는 인구 감소를 버텨내면서도 주민들의 삶의 질이 퇴보하는 것을 막고 지역의 활력을 유지할 수 있는 방안을 고민해야 된다. 당장 효과를 거두겠다는 허망한 유혹을 뿌리치고 제대로 된 '씨앗'을 뿌려 축소시대의 환경에 맞춰 지역의 '체질'을 바꿔나가는 노력을 해야 한다.

---

21) 京丹後市まち·ひと·しごと創生人口ビジョン

축소시대의 준비

일본 도야마시(富山市)는 이른바 '컴팩트 시티'(compact city) 의 세계적인 모델로 인정받고 있다. 도야마시의 인구밀도는 일본의 현청 소재지 가운데 가장 낮다. 2006년에 도심에 경전철을 도입한 것은 도시의 확장을 염두에 둔 것이었다. 인구는 늘어나지 않지만 도시가 외곽으로 퍼져나가면 도시 관리 비용이 갈수록 커질 것이라고 판단해서 인구를 원도심으로 불러 모으기 위한 것이었다.

고령화 사회에 대비해서 노인들이 편하게 도심을 방문할 수 있도록 하려는 것도 중요한 배경이다. 노인들이 집에만 머물지 않고 경전철을 타고 시내 곳곳을 자유롭게 방문하면서 다양한 사회활동에 참여할수록 건강에도 도움이 되고 원도심의 소비촉진, 도시의 활력 증진으로 이어진다고 판단한 것이다. 인구감소, 고령화 사회에 대한 대비였다. 도야마시는 2006년부터 축소 도시에 맞춰 도시구조를 조정(reset) 하고 있는 것이다.

지역의 인구가 감소하고 고령자 비중이 증가하는 상황에서, 우선 고령자의 경제활동이 유지되도록 고령자를 대상으로 하는 일자리 대책을 고민해야 된다. 인구가 감소해도 주민들이 받아야 될 공적 서비스에 구멍이 생기지 않도록 민생을 꼼꼼히 챙기고 주민들이 삶의 보람, 재미를 느낄 수 있도록 지역사회에 활기를 불어넣는 것이 인구 감소시대 지역 만들기의 핵심이라고 할 수 있다. 후지나미 타쿠미(藤波匠)는 '젊은이가 돌아오는 마을'에서 인구가 줄어도 풍족하고 안심하며 살 수 있는 사회를 만드는 일이 중요하다고 강조한다.

모로토미 토오루(諸富 徹) 교토대학 교수는 인구감소를 오히려 기회로 받아들일 것을 주문한다. '인구감소시대의 도시'에서 인구감소로 이용되지 않게 된 토지를 자연으로 돌려서 녹지를 정비하거나 공원을 계획적으로 정비해감으로써 도시의 자연자본을 더욱 풍성하게 만들어갈 수 있다고 주장한다. 모로토미 교수는 인구가 늘어나고 기업이 집적되던 고도성장기에는 손대지 못했던 다양한 문제를 극복하고 생활의 질을 향상시키는 절호의 타이밍이라고 역설한다.

6장.
'로컬인재'를
찾아서

기술 발전으로 농산어촌이 안고 있는 물리적 핸디캡이 완화되고 있지만 여전히 답을 찾기 어려운 분야가 있다. 농산어촌의 시설 가운데 다른 것으로 대체하기 어려운 것이 고등학교다. 초중학교를 농촌에서 보내더라도 고등학교 진학을 앞두고 도시로 떠나게 된다. 매력 있는 고등학교가 없는 지역의 활성화에는 한계가 있다. 그 지역을 매력 있는 정주 공간으로 만드려면 반드시 그 지역에 매력 있는 고등학교가 필요하고 그 고등학교를 매력 있는 곳으로 만드려면 그 지역의 삶의 공간에 매력이 넘쳐야 된다.

섬 고등학교의 '인재 만들기'

일본 시마네현의 작은 섬, 나카노시마(中ノ島)에 있는 도우젠(島前) 고등학교의 입학생 수는 1997년만 해도 한해 77명이었다. 하지만 계속 줄어들어 2008년에는 28명까지 감소했다. 이대로 가면 통폐합 기준인 21명을 밑돌게 될 것이라는 위기감이 커졌다. 2008년 3월, 도우젠 고교에 학생을 보내는 세 지역의 자치단체장, 지방 의원, 교육장이 모여서 '도우젠 고교 매력화 추진 모임'(島前高校の魅力化と永遠の発

展の会)을 발족시켰다. 학교를 매력있게 만들어서 한 학년에 50명, 전체 학년 2학급 규모의 학교로 발전시킨다는 목표를 내걸었다.

도우젠 고교의 4가지 교육 목표 가운데 두 번째가 '이상을 추구하며 지역사회에 공헌하는 인간을 육성한다' 이다. 학생과 교사들이 지향하는 인재상은 '로컬인재.' 어디에 있건 고향을 생각하며 자신이 뿌리 내리고 있는 지역의 특성을 살려서 활약할 수 있는 인재를 말한다. 섬의 문화를 계승하고 지역에서 새로운 사업, 산업을 창조할 수 있는 사람을 육성하는 것은 섬에 하나밖에 없는 고등학교의 책무라고 인식했다.

지금까지 도우젠 고교의 학생 가운데 95% 이상은 졸업과 함께 육지로 떠나고 나중에 섬으로 돌아오는 비율은 30% 정도에 그쳤다. 섬이 살아 남기 위해서는 이 비율을 높여야 된다고 판단했다. 청년들이 돌아오기 어려운 것은 일자리 때문이다. 낙도(落島)의 한정된 자원으로 도시에 나가 있는 직장인들을 불러들일만한 일자리를 만들어 낸다는 것은 현실적으로 어려운 일이다.

그러나 도우젠(島前) 고교의 접근 방식은 달랐다. '섬에는 일이 없으니 돌아올 수 없다'가 아니라 '내 고향을 활기차게 하는 새로운 일을 만들기 위해 돌아오고 싶다' 는 지역 기업가정신을 가진 젊은이를 키워낸다는 교육 목표를 내걸었다. 지역 기업가정신이 육성된다면 섬으로 돌아오는 젊은이가 늘어날 것이고 설령 돌아오지 않는다고 해도 섬에 대한 애정, 감사의 마음이 싹트면 고향과 연계한 사업을 할 수 있다. 고향납세(ふるさと納稅)나 자원봉사로서 고향과의 인연을 계속 이어갈 수도 있다.

이런 배경에서 도우젠(島前) 고교는 지역인재, 자원을 중심으로 하는 지역창조 코스를 만들었다. 학생들이 인턴십, 마을만들기, 상품개발 등에 참여함으로써 지역사회를 이끌고 가는 구성원으로서의 기초력을 키우는 커리큘럼이다. 지역창조 코스의 핵심은 2학년 때 주 3시간 하는 지역학(地域学)과 3학년 때 주 2시간의 지역지구학(地域地球学)이다. 학생들이 프로젝트팀을 짜서 지역 안팎의 전문가의 도움을 얻어가며 지역의 매력, 과제를 탐구하고 해결책을 찾아서 실천, 검증, 평가, 개선해나가는 수업이다. 이 과정을 통해서 문제의식, 커뮤니케이션 능력, 해결력 등을 몸에 익히고 자신과 지역, 사회와의 연계를 배워나간다.

국공립대학 진학을 희망하는 학생들을 위해 특별진학코스도 개설했다. 또, 학생을 유치하기 위해 전국에서 입학생을 모집하는 섬 유학을 추진했다. 국내외에서 유학생을 받아들여 학생들이 다양한 가치관, 새로운 문화와 접하며 생각의 폭을 확장하고 인간관계를 구축하는 힘을 키울 수 있도록 하기 위해서다. 자치단체는 유학생들에게 기숙사비, 교통비를 보조해주고 있다.

지금까지 섬의 핸디캡이라고 생각됐던 것이 유학생들에게는 장점으로 작용했다. 섬에는 편의점, 게임센터, 쇼핑몰처럼 즉시 간편하게 즐길 수 있는 것이 없다. 따라서 인내력, 끈기를 기르고 한정된 자원 속에서 '있는 것'을 잘 살려서 살아가는 지혜를 몸에 익힐 수 있다. 파도가 높으면 배가 결항하고 이동도 자유롭지 않기 때문에 자연에 대한 경외심을 품게 된다. 서로 돕지 않으면 살 수 없는 환경에서 이웃과의 연계의 중요성을 느끼고 공동체 문화를 깊이 경험하게 된다.

이런 노력 끝에 도우젠 고교는 마침내 2014년 목표로 했던 전 학년의 2학급화를 실현했다. 주민들의 애향심은 든든한 사회관계자본(social capital)이 됐다. 섬 전체가 학교, 지역 주민들도 교사라는 마음으로 적극적으로 교육활동에 협조했다. 학생들이 주민들과 관계를 맺고 다양하게 섬을 체험하면서 자연스럽게 지역과의 인연을 느끼고 자신의 장래와 지역의 미래가 맞물리는 꿈을 그릴 수 있게 된다. 도우젠 고교의 교육은 '지역에 필요한 인재를 지역에서 양성한다'는 발상에서 출발했다.

어떤 학생이 고향으로 돌아오나

니이가타현(新潟県)의 외딴 섬 사도시(佐渡市)에서도 비슷한 프로젝트가 2017년부터 추진되고 있다. 사도(佐渡) 중등교육학교는 고등학생들을 대상으로 마을 만들기 프로젝트 공모전을 개최하고 있다. 학생들이 섬에 활기를 불어넣을 수 있는 프로젝트를 구상해서 프리젠테이션, 사업자금 마련, 실행까지 1년 동안 지역의 주민, 기업, 사회단체 관계자들의 도움을 얻어가며 추진하는 방식이다.

이 학교가 마을 만들기 프로젝트를 시작한 것은 진학, 취업 때문에 섬을 떠나는 학생들과 고향의 관계가 단절되는 것을 막아보기 위해서다. 지역 주민들과 직접 손 잡고 일해봄으로써 고교생 시절에 고향의 매력을 느끼고 고향과의 연대감을 가지도록 해주자는 것이다. 이런 노력을 인정 받아 2018년에 일본 총무대신이 수여하는 고향 만들기 단체 표창을 받기도 했다.

"지역에 대한 정체성을 지닌 아이들을 키우는 데는 학교의 역할이 크다. 정체성이 형성된 아이는 어른이 되어 고향으로 돌아온다. 학교는 지역을 육성하는 곳이 돼야 한다,"후지요시 마사하루(藤吉雅春)는 '이토록 멋진마을'에서 이렇게 주장했다. 지역이 어떤 인재를 키워야 되는지를 고민해야 한다. 학생을 지역에 붙잡아두는 것이 아니라 지역적 정체성을 심어줘서 마음을 붙잡아 두는 것이다.

학생, 고향의 관계 맺기

일본 고치현(高知)에서는 저출산.고령화속에 청년이 유출되고 산업 기반이 흔들리는 문제를 해결하기 위해서는 지역인재를 육성해야 한다는 여론이 공감대를 얻었다. 이런 움직임이 본격화하면서 2015년 국립대학인 고치(高知)대학이 입학정원 60명의 '지역협동학부'를 신설했다. 이 학부는 지방에 새로운 '인재의 흐름'을 만들고 있는 사례로 평가받고 있다. 고치대학 지역협동학부는 철저하게 지역 현장활동 중심으로 운영되며 학생들은 총 600시간의 실습을 이수해야 한다. 1학년의 교과과정은 지역이해실습, 2학년은 지역협동 기획 입안실습, 사업기획 프로젝트 실습, 3학년은 지역협동 관리실습, 교육프로젝트 실습으로 이뤄진다.

경상북도의 경우, 대학생들이 지역 사회를 이해하고 경험할 수 있도록 '인구구조 변화대응 지역대학 협력사업'이라는 이름으로

2022년 7월부터 영남대학교와 함께 상생 협력사업을 추진하고 있다. 1주일 한 두 차례 지역 주민들을 위해 공예, 미술 등의 문화행사를 열기도 하고 마을이야기를 발굴한다. 또 대학생들이 전공과 재능을 살려 '외갓집 프로젝트'를 진행한다. 디자인과 학생들은 지역의 소상공인들과 함께 지역 가게 살리기 프로젝트에 참여해서 지혜를 짜내고 있다. 농협, 소상공인연합회와 연계해서 22개 업체의 입간판, 메뉴판 등의 디자인과 외벽환경개선을 지원하고 상권분석, 방문객 수요조사, 온라인 홍보 교육 등을 통해 청년의 시각에서 지역의 문제에 접근한다. 김호섭 경상북도 아이여성행복국장은 "지역의 대학생들이 지역에 활력을 북돋우고 청년은 기회를 발견할 수 있는 상생의 선순환 구조를 만들어나가겠다"고 말한다.

지역의 매력, 사람, 기업을 알지 못한 채 밖으로 나가는 젊은이들이 많다. 학생 때부터 지역과 다양하게 연계 해서 지역 활동에 참여함으로써 지역과의 고리가 생기고 그래야 고향을 떠난 뒤에도 다시 유턴으로 이어질 수 있다. 오카야마현(岡山縣)의 니이미시(新見市)는 2021년부터 시와 지속적인 교류, 깊은 연계를 갖는 관계인구로서 '고향 시민'(故鄕市民)을 모집하고 있다. 특히 진학, 취직으로 시를 떠나는 고교생들에게 고향시민에 등록하도록 요청하고 있다. 등록을 하면 이벤트 정보를 보내주거나 지역 제품을 구입할 때 특전을 제공한다.

살아왔던 지역에 애착을 가지고 그 지역의 도움으로 성장해왔다고 느낀 사람일수록 인생의 선택지에 고향을 포함시킬 가능성이 크다. 이런 인재를 배출하는 것이 지역 교육의 또 하나의 중요한 사회적 책무가 돼야 한다. 그 지역에서 태어나서 그 지역에서 성장해서 살고 있는 주민들이 그 지역을 활성화시키는 중심이 돼야 한다. 지역에 필요한 인재를 지역에서 키워 공급한다는 '인재의 지소지산'(地消地産)이다. 여기에 귀농, 귀촌자와의 연계는 그 효과를 더욱 극대화할 수 있다.

지역사(地域史) 교육의 확대

대학 입시에 지역인재전형이 도입됐지만 이 전형을 통해 합격한 고등학생이 대학을 졸업하고 그 지역에서 직장을 얻거나 사회생활을 하거나 또는 고향과 어떻게 연계될지는 알 수 없다. 지역에 대한 남다른 생각이나 정체성을 가지고 있는지도 알 길이 없다. 단지, 지역 고등학교 출신의 학생을 선발하는 전형을 통해 대학에 들어간 것뿐이다. 혁신도시 공공기관에서 의무적으로 실시하는 지역인재선발도 크게 다르지 않다. 지역 대학생을 뽑는다지만 이 학생들이 지역 발전이나 본인의 지역적 정체성을 남다르게 고민했다는 근거는 없다. 그저 대학에 들어가고 취직하는 전형일뿐이다. 대학, 공공기관이 도입한 '지역인재' 방식으로 진짜 '지역인재'는 양성되지 않는다.

지역인재를 키워내는 시간축을 좀 더 밑으로 내려보자. 지역인재의 개념을 초중고등학교 때부터 도입해서 학생들이 고향, 지역과 직접 관계를 맺을 수 있도록 하는 것이다. 지역사회를 좀 더 구체적으로 이해하고 실체적으로 관계를 맺을 수 있는 시간이 필요하다. 먼저, 지역사(地域史)에 대한 이해에서 시작하는 것이 체계적이다. 현재 국내에서는 초등학교 3학년의 경우에 1주일에 3시간의 사회 수업 때 지역 교과서가 활용된다. 현직 교사가 집필한 지역 교과서를 바탕으로 지역의 역사, 문화를 배운다. 그러나 중고등학교의 심화 과정으로는 연결되지 않는다.

나라의 역사는 알아도 본인이 태어난 곳의 역사는 제대로 모르는 것이 역사 교육의 현주소다. 이순신 장군과 안중근 의사 외에도 위기에 빠진 민족을 구하기 위해 초개처럼 몸을 던진 지역의 수많은 의사, 의병, 의인, 그리고 의거를 발굴하고 역사적 서술을 해서 지역사 교과서에 담아야 한다. 지역 문화원에서 잠자고 있는 지역지(誌)를 활용해서 수업과 연계되도록 하는 것도 하나의 방안이 될 수 있을 것이다. 그 지역의 역사, 인문, 지리, 풍습 등을 구체적으로 공부하는 것뿐만 아니라 다양한 교과과정을 개설해서 지역을 다양하게 체험하고 연계할 수 있는 기회를 학교와 지역 사회가 적극적으로 만들어나가야 된다. 학생들의 정신에 지역적 정체성을 심어주기 위한 씨를 뿌리지 않으면 지역의 '주인'이 아니라 '손님'이 되고 만다.

제2의 고향, 농촌유학

서울시교육청은 '농산어촌 유학'을 서울의 대표 교육정책으로 만드는 방안을 추진하고 있다. 서울시교육청은 2021년 전라남도교육청을 시작으로 2022년에는 전라북도교육청을 비롯해 전국으로 농촌유학 지역을 확대해가고 있다. 조희연 서울시 교육감은 서울의 초등학생이 한 학기 정도는 농산어촌으로 유학을 다녀오는 것을 준의무화했으면 한다는 생각을 가지고 있다. 기후 위기 시대에 학생들이 생태 감수성을 키우는데 흙을 밟으며 농산어촌의 자연을 직접 접하는 것 만큼 좋은 방법은 없을 것이다.

서울에 살면서 지방을 접하는 기회는 대부분 관광 일정이다. 관광명소를 둘러보고 맛집에 들르는 정도여서 단순히 '소비'하는 형태로 스쳐 지나갈뿐이다. 농산어촌 유학은 6개월 가까이 지방에 체류하면서 그 지역 초등학교 학생들과 함께 생활하는 방식이다. 상이한 환경에서 성장해온 학생들이 부대끼며 서로 자극을 주고 감성을 얻고 창의력도 키울 수 있는 의미 있는 '성장'의 시간이다.

씨앗이 곡식으로 변해가는 경이로움, 싹을 틔워 커가며 열매가 될 때까지 수확을 기다리는 설레임, 곡식을 거둘 때의 즐거움을 맛보는 것은 생명, 농업을 이해할 수 있는 소중한 기회다. 야마자키 농업연구소가 엮은 '자급(自給)을 다시 생각한다'는 농사는 '생명'을 기르고 음식은 '생명'을 받는 것이며 그것이 생활의 기본이다고 주장한다. 효율과 비용절감을 통해서만 식품을 생산하고 세계 규모로 공급하는 것은 결국 '생명'을 기르고 '생명'을 받는 감사의 마음을 앗아간다고 비판한다. 농작물을 재배함으로써 '생명'을 키워가는 소중함을 깨닫는 것은 초등학생들에게는 최고의 생명.환경.생태 교육이다.

조희연 서울시교육감은 국가적 차원에서 농촌 유학은 기후 위기와 지방소멸위기를 생태 시민 육성으로 극복하고자 하는 인간과 자연의 공존, 수도권과 지방의 공존, 그리고 지속가능한 삶을 위한 정책이라고 주장한다. 도시와 농촌의 공존과 상생을 위한 작은 디딤돌이 될 것이라는 설명이다. 학생들이 할아버지, 아버지의 고향으로 유학을 감으로써 제2의 고향이 생겨 희미해져 가는 정서적 연대감을 느낄 수 있을 것이다. 조 교육감은 농촌유학은 장기 귀농 지원정책이라고 볼 수 있으며 제2의 고향을 가지면 장기적인 귀농, 장기 체류의 가능성으로 이어질 것이라고 말한다. 기후 위기, 국토 불균형의 문제를 초등학생의 도농 교류에서부터 접근해 보겠다는 것은 눈 앞의 성과에 급급하지 않고 장기적으로 문제의 본질에 다가가려는 진정성 있는 시도라고 평가할 수 있다.

'유학'이라고 하면 일반적으로 지방의 학생들이 서울로 가는 것을 말한다. '농산어촌 유학'은 거꾸로 서울의 학생이 지방으로 오는 것이다. 일방적으로 지방의 인구가 유출되던 것을 거꾸로 지방으로 유입시킨다는 상징적인 의미가 있다. 서울의 유학생들이 성장하면 유학을 다녀왔던 지역의 '관계인구'가 될 수 있다. 어렸을 때 지방에서 생활하며 농산어촌의 매력을 느끼는 것은 농산어촌의 가치를 마음에 담아두고 키워나갈 수 있는 귀중한 시간이며 자신과 농산어촌을 이어주는 실질적인 접점이 될 것이다.

지역의 '팬' 만들기, 관계인구

홋카이도(北海道) 히가시가와쵸(東川町)는 지역을 방문하는 고등학생을 대상으로 인연 맺기를 꾸준히 추진해오고 있다. 히가시가와쵸의 인구는 8,400여 명. 우리나라의 한 개 '면'(面) 정도의 규모다. 1994년부터 해마다 전국 고교생 사진대회(사진 甲子園)를 개최하고 있다. 사진대회는 어느 지역에도 있는 흔한 행사지만 대회 운영 방식이 독특하다.

본선에 올라온 18개 학교의 학생들이 3박4일 동안 히가시가와에서 머문다. 학생 3명이 한팀을 구성해 히가시가와쵸의 풍경, 주민들의 삶을 카메라에 담아 출품한다. 학생들은 히가시가와의 매력을 제대로 느끼며 3박 4일 동안 지역민들과 끈끈한 인연을 맺는다. 대회가 끝나도 추억을 떠올리며 지역을 다시 방문하거나 히가시가와의 팬으로 남게 된다. 3박 4일이라는 대회 일정은 그런 취지에서 만들어진 것이다.

인구가 감소한다는 것은 그 지역에 살고 있는 주민들이 감소하는 것만을 의미하지 않는다. 그 지역을 고향이나 외가로 둔 사람도 줄어들게 된다. 그 지역 출신의 출향인들도 마찬가지다. 외부에서 그 지역을 위해 음으로 양으로 힘을 써줄 지연(地緣) 커뮤니티도 약화된다. 그렇다고 국가 전체적으로 줄어드는 인구를 놓고 자치단체간에 유치 경쟁을 벌이는 것은 자원의 낭비다. 이를 보완하기 위해 나온 것이 이른바 '관계인구'다.

가수에게 팬클럽이 있는 것처럼 지역의 팬클럽이 '관계인구'라고 할 수 있다. 인구 개념의 질적 전환이다. 도시에서 하루 아침에 삶의 터전을 지방으로 옮길 수는 없지만 어느 지역과 일정한 관계를 맺고 그 지역을 응원하는 것은 가능하다. '관계'를 유지해서 '교류'를 활성화시킴으로써 지방에 활기를 불어넣는다는 구상이다. 자기 지역을 좋아해주는 팬을 많이 확보하는 지역일수록 그 팬들과의 다양한 화학적 결합을 통해 유무형의 효과를 얻을 수 있다. 고객을 '팬'으로 만드는 것이 최고의 고객관리인 것처럼 그 지역의 연고자를 팬으로 만드는 것은 지역 마케팅의 '정수'라고 할 수 있다.

이런 관계인구를 주요 타킷으로 하는 것이 일본의 고향납세(ふるさと納税), 우리의 고향사랑기부금제라고 할 수 있다. 고향사랑기부

금제의 기본적인 발상은 고향에 대한 애정, 향토애를 눈에 보이는 형태로 구체화해서 지역을 돕도록 하자는 것이다. 각 지역 간의 답례품 경쟁이 치열하게 펼쳐지면서 부작용도 나타나고 있지만 고향납세는 일본의 지역활성화 정책 가운데 가장 긍정적인 평가를 받고 있다. 기부금 모금의 핵심은 답례품의 경쟁력, 기부자와 그 지역과의 관계성의 깊이다. 그 지역의 전통문화, 먹거리, 토착산업 등에 그 지역의 가치를 어떻게 잘 담아낼 것인지, 그리고 출향민을 포함한 관계인구와의 정서적 연계고리가 어느 정도나 단단한지가 관건이 될 것이다.

후쿠시마 응원점

2011년 동일본 대지진이 발생한지 10년이 넘게 지났지만 후쿠시마 농민들은 방사능 문제 때문에 농산물 판매에 큰 어려움을 겪고 있다. 이 문제를 조금이라도 해결하기 위해 후쿠시마현(福島県)이 고안한 것이 '후쿠시마 응원점'이다. 응원점으로 등록하면 '후쿠시마 응원점'이라는 안내문을 내걸고 후쿠시마의 농산물을 판매하게 된다.

도쿄 메구로쿠에서 쌀가게를 운영하는 타무라 토시치카씨는 후쿠시마 응원점에 가입해서 후쿠시마산 쌀 4종류와 잡곡을 판매하고 있다. 타무라씨는 일본 프로야구에서도 활약했던 선수 출신이다. 고등학교 야구부 때 함께 운동했던 친구가 후쿠시마 출신이라는 것이 인연이 돼 응원점을 하게 됐다고 설명한다. 타무라씨는 이 친구를 통해 쌀을 공급받고 있다.

일본 전국에 2,500여 개의 점포가 '후쿠시마 응원가게' 에 가입

후쿠시마의 농림어민들을 지원하기 위한 '후쿠시마 응원점'의 홈페이지.

해서 후쿠시마 농산물, 제품을 판매하거나 농산물을 식자재로 사용하고 있다. 후쿠시마가 고향인 사람은 물론이고 후쿠시마에서 학교를 다녔거나 근무했거나 친구가 있거나, 직간접적으로 후쿠시마와 인연을 맺었던 교류, 관계인구가 응원가게에 관심을 보이게 된다. 후쿠시마를 좋아하는 사람이 많을수록 후쿠시마 응원점은 더 많아지고 농산물 판매에 도움이 될 것이다.

관계인구를 늘린다고 해서 단순히 1회성 이벤트를 여는 것으로는 한계가 있다. 있을 때 잘해야 한다. 1차적으로 이들이 지역에 있을 때 다양하게 연계하고 지역을 체험하게 해서 그 지역의 그 매력을 제대로 느끼게 하는 것이 가장 중요하다. 개성 있는 정체성, 독자적인 문화적 색깔, 풍부한 향토의 풍물, 주민들의 개방적인 기질 등은 대단히 매력적으로 느껴질 것이다. 관계인구를 늘리는 최고의 정책은 지역의 '매력'을 끌어올리고 그 매력을 제대로 느끼게 해주는 것이다.

출향민을 중심으로 하는 관계인구가 고향사랑기부제에 참여할 가능성은 크다. 마을전문가 임경수 박사는 고향사랑기부제가 답례품을 앞세우거나 고향에 대한 추억팔이를 통해 재정을 확충하는 수단에 그쳐서는 안된다고 지적한다. 이 제도를 통해서 농촌과 지역의 가치를 청년, 도시민들에게 알리고 기부금으로 추진하는 사업에 공감할 수 있도록 정교하게 사업을 설계해야 된다고 말한다. 더 나아가서 고향사랑기부제가 고향이 없는 수도권의 청년들이 언젠가 이주할 수 있는 '지방'에 관심을 갖게 하는 계기가 돼야 한다고 주장한다. 고향사랑기부제는 단순히 지역의 특산품을 파는 공영 인터넷 쇼핑몰이 아니다. 지역의 매력을 알리고 지역의 팬을 만드는 '시티 세일즈'(city sales) 라는 큰 개념에서 접근해야 한다. 고향사랑기부제는 그 지역의 기획력, 실행력, 마케팅 능력을 검증하는 시험대가 될 것이다.

'넥스트 로컬'의 주역

지역 재생에 있어서 새로운 동력이 될 수 있는 중요한 사회적 흐름이 최근 큰 주목을 받고 있다. 지역에 관심을 가지고 새로운 가능성을 모색하고 있는 청년들이다. 특히, 지역의 자원을 바탕으로 하는 부가 가치 개발에 청년들이 뛰어들면서 농촌 창업과 소셜 이노베이션의 폭이 넓어지고 있다. 대표적으로 '넥스트 로컬'(Next Local)은 서울 청년과 지역을 연계한 창업지원사업이다.

지난 2019년부터 서울시는 만 19-39세의 서울시 거주 청년들이 지역에서 창업할 수 있도록 지원하는 청년 창업 프로그램 '넥스트 로컬'을 시행하고 있다. 캐치프레이즈는 '로컬에서 찾는 서울청년의 미래, 서울청년과 함께 만들어가는 로컬의 미래' 다. 로컬과 함께 성장할 서울 청년창업가를 모집해서 지역의 자원을 연계·활용하거나 지역의 문제를 비즈니스의 기회로 활용해 지역 사회를 활성화하는 창업모델을 발굴한다.

사업화 과정에 최대 7,000만 원을 비롯해 8개월 동안 시장조사, 코칭, 멘토링을 지원해서 철저하게 지역을 기반으로 한 창업을 인큐베이팅한다. 그 지역의 자치단체, 중간지원조직, 토착 기업 등과 네트워크를 구축해서 시행착오를 줄일 수 있도록 하고 있다. 지난 2020년 4월 활동을 마무리 한 넥스트 로컬 1기에는 42개팀 86명이 선발돼 전국 8개 지역에서 활동했다. 123개의 상품을 개발했고 식품, 상품, 콘텐츠, 서비스 등의 창업활동에서 5건의 특허, 인증을 받았다.

행정안전부의 '청년마을 만들기' 사업도 청년들의 지역 창업과 정착을 지원하며 성과를 쌓아가고 있다. 있다. 경북 의성군의 청년시범마을 조성사업, 전남 고흥군의 양식어장 청년 임대 사업 등 소멸 위험 지역마다 청년들을 지역으로 유치하기 위해 안간힘을 쓰고 있다. 청년들이 그 지역이 안고 있는 문제를 해결하며 지역과 연계한 '비전'을 꿈꾸거나 그곳의 자원으로 창업을 함으로써 그 지역이 청년들의 인생 플랜에 담긴다면 청년과 지역에게는 최고의 조합이 될 것이다.

재미, 매력, 배움

청년들에게 일의 기준은 무엇일까? '재미있다, 매력 있다, 배울 수 있다' 등이 아닐까? 일본을 대표하는 소셜 코디네이터 소네하라 히사시(曽根原久司)는 농촌 창업 모델을 선정할 때 가장 중요한 것은 '즐겁고 작은 모델을 만들어 계속 어필하는 것'이라고 주장한다. 진정으로 하고 있는 일이 즐겁다면 주위에 영향을 줘서 화제가 되고 지역 사회를 끌어들여 자연스럽게 연계의 고리가 커진다고 말한다.[22]

---

22)   농촌기업가의 탄생, 著:소네하라 히사시, 69P.

정말 재미있다고 생각하는 일에는 다른 사람에게서 찾아보기 어려운 창의성이 나오고 새로운 '가치'가 만들어질 수 있다.

충남 서천군의 '삶기술 학교'는 이 3가지 기준에 적합하다. 삶기술학교는 청년들이 소득을 올릴 수 있는 삶의 기술을 배우고 다양한 창업 실험을 할 수 있도록 지원한다. 특히 마을의 전통 자원인 소곡주, 한산 모시를 청년들의 젊은 감성으로 리메이킹하며 새로운 가치를 만들어내는 다양한 프로젝트가 추진됐다. 비어 있던 집, 상점 건물이 카페, 책방, 공동 작업 공간 등으로 탈바꿈했다. 행정안전부의 청년마을 조성사업으로 2019년에 시작된 삶기술 학교에는 2021년 기준으로 176명이 입학했다. 63명의 청년이 지역에 정착했고 5,500명이 프로그램에 참여했다.

전남 신안군이 50억 원을 투입해 조성할 계획인 '로빈슨크루소 대학'은 섬살이에 필요한 기술, 정신을 가르치는 학교다. 시골 학교 건물에서 '섬 리더 양성' 교육 과정을 개설하고 관광상품 개발, 섬 문화 발굴, 기록.전시, 섬 일자리 창출 등의 프로그램을 운영한다. 신안군은 최종적으로는 섬에 정착할 수 있는 기반까지 제공한다는 방침이다. 오랜 세월 섬이라는 자연환경에서 생성된 전통의 삶을 보존하고 삶의 터전을 지켜간다는 것은 지금 서 있는 공간에 대한 '자긍심'이 없이는 어려운 일이다.

삶기술학교, 로빈슨크루소 대학 모두 지역이 의지해서 살아온 업(業), 공동체, 자연 환경을 부가가치의 원천으로 한다는 점에서 긍정적이다. 섬생활의 매력을 느끼고 배우는 작업에 청년들이 참여함으로써 섬에서 잠자고 있던 새로운 '가치'를 찾아낼 수 있을 것이다. 연세대 국제학대학원 모종린 교수는 정부가 낙후 상권에 투입될 로컬 창업가를 반드시 육성해야 된다고 지적한다. 모교수는 일본의 경우, 장인학교나 현장의 장인 밑에서 오랫동안 도제 교육을 받은 사람들이 창업하듯이 우리 젊은이들이 창업 전 몇 년간 교육을 받을 수 있는 '장인대학' 프로그램이 필요하다고 조언한다.

구체적인 기술을 가르치는 프로그램이 전국적으로 도입되고 있다. 경기도 오산메이커교육센터, 전북 정읍 청년메이커센터를 비롯해서 다양한 메이커스페이스가 운영되고 있다. 책, 수제화, 한복, 난로, 목공 등 기술을 배우려는 수요는 DIY 문화와 함께 더욱 다변화하면서 새로운 트렌드가 되고 있다. '만드는 것'에 대한 가치, 매력이 재발견되면서 청년들이 관심을 갖는 것은 긍정적이다. 다만, 이들의 시도가 구체적인 형태로 지역에 스며들어 현장에서 살아남는 것은 언제나 과제라고 할 수 있다.

농산어촌의 '진짜 매력'

농산어촌은 새로운 힘을 잉태할 수 있는 공간이다. 각박한 도시의 삶에 지친 청년들이 마음을 비우고 새로운 것을 채워 넣을 수 있는 충전소의 역할을 해낼 수 있다. 각박하지 않으면서 편안할 정도의 느슨함은 농촌 생활의 매력이다. 느리지만 삶을 성찰할 수 있는 밀도 있는 시간이 청년들에게 어필하고 있다.

유행처럼 번지고 있는 '지역 한달 살기', 저렴한 비용의 '셰어하

우스'는 예산만 있으면 얼마든지 마련할 수 있다. 예산으로 뚝딱 만들어낼 수 있는 것은 진짜 매력이 되기는 어렵다. 경제적인 유인책 때문에 그 지역을 찾아온 청년은 더 좋은 조건을 따라서 옮겨갈 수 있다. 청년을 유치한다는 것은 그 지역의 매력을 청년들에게 알려 관계를 맺는 것이다. 청년의 에너지를 끌어내는 데 가장 중요한 것은 '자발성'을 살리는 것이다.

　정부 보조금으로 건물을 짓는 사업이 아니라 청년들의 자발성에 의해서 시작된 사업이라면 그 자체로서 지역의 성장으로 연결된다. 풍부하면서도 독특한 문화, 자연환경, 능력 있고 적극적인 공무원, 적은 비용으로 활용 가능한 시설, 작지만 연계가 가능한 일자리, 사회적경제의 생태계, 우호적인 지역 주민 등이 청년들의 자발성을 끌어내고 청년들과의 접점이 될 수 있다. 그 지역이 좋아서 찾아온 청년과 지역이 뜻을 합쳐서 일을 벌여가면 거기서 작지만 지속 가능한 '성공스토리'가 나올 것이다.

　농산어촌에서 매력 있는 삶, 풍요로운 삶의 모델은 누가 어떻게 만들어내는가? 오사카 시립대학의 마쓰나가 게이코(松永 桂子) 교수는 '로컬지향의 시대'에서 지역의 가능성은 정치나 지자체 정책으로 만들어지는 것이 아니라 목적을 가진 교류의 장(場)에서 탄생한다는 사실을 알 수 있다고 지적한다. 청년들의 니즈, 지역의 과제를 엮어낼 수 있는 '목적'을 만들어내고 청년들의 참여를 끌어낼 수 있는 지역과의 다양한 접점을 제공하는 것이 중요하다는 뜻이다.

7장.
내발적
순환경제

기업 유치, 일자리의 미래

지방을 살린다는 것은 간단히 표현하면 지방의 생산성, 즉 근로자의 소득을 높이는 것을 의미한다. 대표적인 방법이 기업유치다. 고용유발, 세수확보, 소비진작 등의 파급효과 때문에 자치단체마다 기업. 투자 유치를 사활을 걸고 추진한다. 그러나 그 효과는 기업의 이름처럼 거창하지만은 않다.

선대인 경제연구소의 통계에 따르면 2000년부터 2015년까지 삼성전자의 매출액은 4.85배 증가했지만 직원 수는 1.2배 늘어나는 데 그쳤다. 2016년 기준으로 최근 영업이익이 10% 이상 성장한 아모레퍼시픽의 매출액은 같은 기간 5.7배나 성장했지만 직원 수는 오히려 0.85배로 줄었다. 기존 산업의 일자리는 급격히 줄어들거나 거의 늘어나지 않는 반면, 신흥 산업의 일자리 수는 과거 주력산업처럼 대규모로 증가하지 않는다.[23]

---

23) 일의 미래, 著:선대인, 150P.-154P.

지방에 대규모 산업단지를 조성해도 지역의 청년들은 좀처럼 눈길을 주지 않는다. 일자리가 매력적이지 않기 때문이다. 청년들이 원하는 일자리의 조건은 안정성, 급여, 재미다. 이 3가지 조건을 만족시키는 업종은 주로 IT, 금융, 서비스 분야 등에 몰려 있다. 정보통신 분야처럼 부가가치가 높은 지식기반산업은 수도권, 제조업은 지방의 산업단지에 뿌리를 내리고 있다. 이 구조는 고착화돼있다. 이것이 지방의 인구유출, 수도권 집중의 근본 원인 가운데 하나다.

"첨단기업이 수도권을 고집하고 입지가 정말 좋은 강남이나 판교를 고집하는 것은 다른 이유가 아닙니다. 기업의 존망을 결정하는 게 이제는 아이디어인 겁니다. 혁신적인 인재들이 많이 모여 있는 공간에 기업들이 모여들고 청년 구직자들도 이런 공간에 달라붙을 수밖에 없게 된 거죠," 중앙대 도시계획부동산학과 마강래 교수의 설명이다.[24] 마교수는 판교가 성공할 수 있었던 이유는 강남과 접근성이 좋아서 강남에서 상업, 교육, 주거기능을 보충할 수 있기 때문이라고 지적한다.

4차 산업혁명이 본격화하고 빅데이터, 인공지능 등이 도입되면 지방 산업단지의 일자리는 새로운 운명을 맞게 될 것이다. 2015년 보스턴 컨설팅그룹이 산업용 로봇 도입에 따른 인건비 절감률을 전망한 결과, 2025년이 됐을 때 고급 산업용 로봇 도입으로 인건비가 가장 많이 줄어들 것으로 예상되는 나라는 한국이었다. 33%로 2위인

---

24) "지방소멸 바로잡을 시한 얼마 안 남았다." 경향신문, 2022.9.9

일본보다도 8% 포인트 높다.[25] 사라지지 않는 일자리는 자동화 했을 때, 비용이 더 들거나 자동화로는 가능하지 않은 직종이 될 것이다. 지방 산업단지에서는 자동화 비용 보다 인건비가 싸기 때문에 근로자를 고용하는 형태의 저임금 일자리가 남게 될 가능성이 크다.

토착산업의 고부가가치화

지역 경제가 전적으로 외부에 의존하는 것은 지속가능성 측면에서 취약하다. 외래형 개발은 외부의 자금, 계획이 들어오고 지역은 땅, 노동력을 제공하는 방식이다. 한국경제는 이미 세계 자본주의에 깊숙이 편입돼 있기 때문에 세계적인 경기 흐름에 연동돼 민감하게 반응한다. 기업은 원료, 저임금, 시장을 찾아서 언제라도 해외로 생산공장을 옮긴다. 지역성은 대량생산이 시작되는 순간 축소의 길로 접어든다. 규격화된 상품은 특정 지역에서만 생산돼야 할 이유가 없다. 낮은 인건비를 찾아서 공장은 전 세계를 떠돌아 다니게 된다.[26]

머리띠 매고 피케팅을 하며 공장 폐쇄를 철회하라고 외쳐도 자본과 수익의 논리를 뚫고 들어갈 수 없다. 외국자본으로 건립된 생산라인의 운명은 본사가 있는 해외에서 결정된다. 2018년 전북 군산의 한국 GM 군산 공장이 문을 닫은 것이 대표적이다. 한국 GM의 폐쇄 결정에 대해서 정부는 일방적 폐쇄에 깊은 유감을 표한다는 입장을 밝혔을 뿐이다.

---

25) 일의 미래, 著: 선대인, 122P.
26) 로컬지향의 시대, 著: 마쓰나가 게이코, 149P.

따라서 기업유치와 함께 지역 경제의 다른 한 바퀴로서 지역의 토착산업을 착실히 육성해야 지역 경제의 회복탄력성(resilience)을 확보할 수 있다. 지역의 자원으로 할 수 있는 일이 무엇인가를 찾아서 끈기를 가지고 수익모델을 보완해가려는 노력이 이뤄져야 한다. 이른바 '내발적 발전론'이란 지역의 기업이나 개인이 주체가 돼 지역의 자원을 활용해 지역 내에서 부가가치를 창출하고 각종 산업과 연계해서 사회적인 잉여(이윤, 조세)를 최대한 지역에 환원하고 지역의 복지, 교육, 문화를 발전시키는 것이다.

1980년대 내발적 발전론을 제창한 미야모토 겐이치(宮本憲一) 오사카 시립대학 명예교수는 내발적(內發的) 발전의 4가지 원칙을 제시했다. 첫째, 지역개발은 정부나 대기업이 아닌 지역의 산업, 기술, 문화를 바탕으로 지역의 시장을 주 대상으로 삼아 주민들이 경영하는 것, 둘째, 환경 보전의 틀 안에서 개발을 생각하고 자연보전이나 아름다운 경관을 만들어내는 어메니티(amenity)를 중심으로 복지, 문화를 향상시키는 것, 셋째, 산업개발을 특정 업종에 한정하지 말고 복잡한 산업부문에 걸치게 해서 부가가치가 모든 단계에서 지역에 귀속될 수 있도록 지역과 산업의 연관을 꾀할 것, 넷째, 주민참가제도를 만들어 자치단체가 주민들의 의사를 바탕으로 자본, 토지이용을 규제할 수 있는 자치권을 갖는 것이다.

자연과 지역에 뿌리내리고 장인(匠人)의 수작업이 필수적인 지역 토착 산업은 여전히 지역에 남아 세대를 이어가며 계승됐다.[27] 수

---

27) 로컬지향의 시대, 著: 마쓰나가 게이코, 147P.

작업으로 이뤄지는 전통문화산업이 고부가가치를 창출해서 지역 경제에 스며든다면 지역에는 대단히 큰 힘이 될 수 있다. 예를 들어, 전통문화도시 전주(全州), 경주(慶州), 부여(夫餘)라는 지역의 이미지, 국산 재료를 이용해 무형문화재가 전통기법으로 만들었다는 정통성, 그리고 생산에 얽힌 역사성에 현대적 감각과 실용성을 잘 갖춘다면 대량생산으로 창출할 수 없는 가치를 만들어낼 수 있다. 장인의 수작업과 생산지역의 이미지가 중요한 제품이라면 인건비가 싼 동남아 국가로 공장을 옮겨가는 일은 발생하지 않는다.

전주 한지는 고려 시대까지 거슬러 올라가는 전주를 대표하는 특산품이다. 루브르 박물관의 문화재 복원, 바티칸 교황청이 소장하고 있는 기록물의 복본 작업에 사용됐다. 조선 왕조 4대 궁궐의 창호를 보수하고 우리나라의 해외 공관을 꾸미는 데도 전주 한지가 이용됐다. 이처럼 가능성은 입증됐지만 전주 한지는 본격적인 산업화로는 연결되지 못하고 있다. 전주 한지를 비롯해서 지역의 전통 산업으로 오랜 뿌리를 가지고 있는 토착 산업을 어떻게 혁신해서 부가가치를 높일 것인가, 여기에 자치단체와 생산자를 중심으로 한 지역의 역량이 모아져야 한다. 인력 양성, 생산혁신, 창업자 계승을 통해 지역 토착산업이 한 단계 업그레이드돼야 한다.

일본 아마쵸(海土町)는 지역 자원의 부가가치화에 성공해 지역 부활의 대표적인 사례로 꼽힌다. 예전부터 이곳에서 태어난 송아지는 육지로 보내져 비육 과정을 거쳐 마쓰자까규(牛), 고베규(牛)로 팔려나갔다. 주민들 사이에서 '우리 브랜드로 키워보자'는 움직임이 나타났다. 마침내, 2004년부터 아마쵸에서 송아지를 비육까지 해서

'오키규(牛)'라는 자체 브랜드를 만들어 도쿄에 한 달에 20마리 가깝게 출하하고 있다. 섬의 산비탈에서 방목해서 키우는 전통적인 사육방식을 그대로 살려 시장에서 호평을 받고 있다.

이다 야스유키(飯田泰之) 메이지대학 정치경제학부 교수는[28] 없던 것을 새로 발명하는 것이 아니라 기존 자원, 기술과 새로운 결합을 통해 새로운 가치를 만들어내는 것이 지역 활성화에서는 현실적으로 중요하다고 지적한다. 여기에 새로운 스토리가 가미되고 새로운 활용 방법, 판로가 결합되면 의미 있는 변화를 가져올 수 있다. 지역자원을 적극적으로 발굴하고 새롭게 조합하거나 재구성해서 자원활용을 고도화(高度化)함으로써 새로운 가치를 만들어낼 수 있다. 성공하는 아이디어를 발굴하기 위해서는 일단 많이 시도할 수 있는 경제환경을 갖추는게 중요하다.

농산어촌의 소셜 이노베이션

농산어촌이 중심이 되는 지방은 1차 산업을 바탕으로 도시의 먹거리를 책임져 왔고 인력을 공급해 왔다. 도시는 이런 지원을 받아서 2차, 3차산업을 키워왔다. 지방이 힘을 잃은 근본 원인은 정부의 수도권 중심의 국토개발정책에서 찾을 수 있지만 급변하는 시대 환경에서 1차 산업이 수익구조를 다각화하거나 새로운 부가가치를 창출하지 못한 것도 원인으로 지적할 수 있다.

---

28) これからの地域再生、著: 이다 야스유키

이런 반성에서 나온 것이 마을기업, 농축산어업의 6차 산업화다. 2021년 12월 기준으로 전국적으로 1,697개의 마을기업, 1,252개의 6차산업 인증업체가 운영되고 있다. 농민들이 농산물 생산(1차)뿐만 아니라 가공(2차), 유통, 판매(3차)에 참여해서 농업의 부가가치를 높이는 것이 6차산업이다. 가공, 유통을 경험해 본 농민, 즉 1.5차형 인간이 6차산업을 끌고 가는 것이 생산자의 소득을 높이는 데 도움이 된다. 마을기업을 포함한 농촌 비즈니스에서는 마을 주민들이 중심이 돼 일시적인 인기를 쫓지 말고 화려하지 않아도 작은 성과를 꾸준히 유지하며 성과를 쌓아가는 것이 중요하다.

전북 완주군 용진읍의 도계마을은 2022년 6월부터 자치연금을 지급하고 있다. 전국에서 두 번째다. 국민연금공단 등의 지원을 받아 조성된 태양광 발전시설에서 나오는 월 150만 원의 발전수익금과 마을공동체의 수익금 월 100만 원을 모아서 75세 이상 주민들에게 7만 원씩의 연금을 지급하고 있다. 연금을 받는 주민은 32명으로 마을 주민의 25%이다.

이 마을에서는 마을공동체가 운영하는 마을기업을 통해 두부, 김치, 누룽지를 판매해서 소득을 올리고 있다. 여기서 나오는 수익금으로 85세 이상 노인들에게 장수 축하금(30만 원), 우수학생에게 장학금으로 40만 원을 지급하고 있다. 도계마을이 자치연금을 구상할 수 있었던 것은 많지는 않지만 고정적으로 소득을 내고 있는 마을기업이라는 든든한 구심체가 있었기 때문에 가능했다.

1985년 창업한 일본 나가노현(長野県) 오가와촌(小川村)의 '오가와

노쇼'(小川の庄)는 일본을 대표하는 마을기업으로 알려져 있다. 80년대 초반 이곳의 일부 주부들은 한 시간 정도 떨어진 나가노시(長野市)의 공장으로 출퇴근 했다. 밤 늦게 집에 돌아오면 집안 일도 힘들고 영농도 포기할 수 밖에 없었다. 힘들게 회사를 다녔지만 공장들은 저임금을 찾아 동남아시아로 떠났고 주민들의 일자리는 사라졌다.

이 지역 주민들이 만든 마을기업 '오가와노쇼'는 주민들이 어렸을 때 먹던 전통 음식을 주민들이 재배한 농산물을 원료로 해서 만들어 판매한다. 또, 마을에 작업장을 만들어서 '일을 하다 비가 오면 집에 가서 비 설거지를 할 수 있는 거리' 라는 원칙을 지키고 있다. 직장, 가계, 영농이 모두 가능한 근무 여건이다. 노인들이 원하는 연령까지 일할 수가 있어서 노령자 고용모델로서도 높은 평가를 받고 있다. 마을공동체, 지역의 소농들과 공존할 수 있는 모델이다.

로컬푸드 직매장은 농산물의 유통 구조를 개선해서 소비자, 생산자에게 모두 이득이 되는 판매구조를 만들었다. 로컬푸드 직매장이 만들어낸 가치는 ① 생산자가 본인의 농산물에 직접 가격을 매긴다 ② 농민이 농업 경영인으로 성장한다 ③ 소농. 고령농도 안정적으로 영농을 지속하고 시장에 참여할 수 있다 ④ 자신이 재배한 농산물에 자긍심, 책임감을 갖게 됐다. 무엇보다도 중요한 것은 농민과 소비자간의 유대감이 생기고 네트워크가 구축된다는 것이다. 소비자와 생산자의 분리, 단절을 극복하고 상호 교류를 위한 기본적인 공감의 토대가 로컬푸드의 힘으로 만들어진 것이다.

정부 사업, 또는 보조금 사업만으로 이런 '가치'를 만들어내기는 어렵다. 농축산업, 농산어촌이 살아난다는 것은 결국 주민들이 중심이 되는 이런 소셜 이노베이션(social innovation)이 곳곳에서 일어났을 때 비로소 가능해지는 것이다. 정부, 지자체의 역할은 소셜 이노베이션이 만들어지는 환경을 조성하고 그 과정의 문제를 해결해주는 일이다.

커뮤니티 비즈니스의 가능성

인구감소와 고령화가 빠르게 진행되는 지역에서는 지역주민의 기본적인 삶의 질과 활력을 유지하고, 이 속에서 작지만 지역민들이 생활권에서 참여할 수 있는 일자리와 소득구조를 만들어내는 것이 중요하다. 영농을 포기하고 참여하는 일자리가 아니라 영농, 가사와 양립할 수 있는 일자리라면 마을 공동체에 스며들어 공동체를 살찌울 수 있다. 마을기업이 꾸준히 성과를 내면 자연스럽게 이 마을기업이 외부와 연계할 수 있는 구심점이 된다. 농산어촌에서 지역재생의 실마리는 이처럼 마을공동체에 뿌리를 두면서도 경영능력을 갖춘 '커뮤니티 비즈니스'를 키워내는 데 있다.

호소우치 노부타카, 일본 커뮤니티 비즈니스 종합연구소장은 커뮤니티 비즈니스의 효과를 크게 4가지로 정리한다. 첫째, 일하는 보람을 키워 커뮤니티 의식을 키워나간다. 둘째, 지역의 욕구(needs)에 맞는 사회 서비스를 제공해서 사회문제를 해결한다. 셋째는 지역의 유휴자원을 활용해서 경제기반을 확립한다. 넷째는 생활문화의 계승, 창조다. 선조들의 지혜, 삶에서 우러나온 풍속을 이어받는 것이다[29]

---

29) 지역사회를 비즈니스하다, 著: 김창규, 103P.

사사키 마사유키, 오사카 시립대학 명예교수는 인구감소 사회. 초고령사회에서는 '작은 산업'(small business) 을 많이 탄생시킬 수 있는 환경이 필요하게 될 것이라고 지적한다. 산업의 장뿐만 아니라 커뮤니티로서의 요소도 갖추고 있기 때문에 공동체를 유지하는 데 중요한 역할을 하게 될 것이라는 주장이다.[30] 가동률, 매출 규모 이전에 마을 주민들이 한 자리에 모여서 얼굴을 맞대고 이야기할 수 있는 소통, 교류의 장이 생긴다는 큰 의미가 있다. 풍요로운 지역 사회를 만든다는 것은 그 지역에 교류를 활성화하는 것이라고도 할 수 있다.

마을은 어떻게 재생되나?

강원도 정선군 고한읍의 '마을호텔 18번가'는 마을 재생, 공동체, 창조성, 커뮤니티 비즈니스가 어떻게 맞물려 성과를 내는지 그 본질이 무엇인가를 잘 보여준다. 정부가 실패한 곳에서 마을 공동체가 새 역사를 써 내려가고 있다. 정선군 고한읍은 농촌지역이지만 일반 농촌지역이라고 분류하기에는 상당히 독자적인 역사적 사회적 배경을 가지고 있다.

고한읍은 원래 탄광촌으로 번성했던 곳이다. 그러나 1980년대 후반 탄광이 폐광되면서 광부들이 마을을 떠났고 마을도 쇠퇴의 길에 접어들었다. 정부가 폐광지역을 살리겠다고 내놓은 것이 대표적으로 여기서 1분 거리에 들어선 내국인 카지노 '강원랜드' 다. 하이원

---

30) 창조농촌을 디자인하라, 著: 사사키 마사유키, 65P.

리조트 같은 대규모 위락시설도 바로 옆에 있다.

그러나 정부의 대규모 개발사업은 마을을 더 어렵게 만들었다. 2000년 문을 연 강원랜드에는 연간 600만 명이 방문했지만 고한읍에 긍정적인 변화를 가져다 주지 못했다. 카지노를 출입했던 내국인들은 고한읍 근처에 민박집을 얻어 월세를 내고 장기 투숙 했다. 국내 유일의 내국인 카지노로 사람들이 밀려들면서 민박집은 단기간에 크게 늘어났다. 하지만 카지노에서 돈을 잃고 초점 없는 얼굴로 민박집에서 생활하던 사람들과 한 마을에 사는 것은 대단히 불편한 일이었다.

'강원랜드'의 역설

카지노의 장기 출입이 사회적으로 문제가 되자 정부는 2010년부터 출입일수를 제한했다. 출입자들의 민박집 숙박기간도 당연히 줄어들면서 빈방이 늘어날 수밖에 없었다. 카지노 출입자들에게 기대왔던 지역 상권도 급속하게 힘을 잃어갔다. 거리 전체에 유동인구가 크게 줄어들고 활기가 사라졌다. 카지노가 망쳐 놓은 상권, 마을 공동체를 어떻게 되살릴 것인가. 커뮤니티 비즈니스의 시작점이었다.

2018년 1월, 마을 주민들이 마을만들기 위원회를 구성했다. 우선, 간단한 것부터 실천해나갔다. 집앞을 청소하고 화분을 내놓고 주택 건물을 깨끗하게 페인트 칠 했다. 쓰레기 무단 투기 장소나 빈터에는 꽃을 심었다. 담장도 허물고 마을쉼터를 만들며 골목길을 가꿔나갔다. 주민들이 자발적으로 나서면서 마을의 경관이 바뀌어갔다.

이대로 놔두면 마을이 사라질지도 모른다는 위기감이 원동력이었다. 골목길의 외관을 확실하게 바꾸기 위해서는 노후주택 정비가 반드시 필요했다. 주민들이 300만 원을 모아서 낡은 주택을 리모델링했다. 하지만 이 돈 가지고는 부족했다. 때 마침 고한읍에서 한 가구에 500만 원씩을 지원 받아 두 달만에 노후 주택 9채를 리모델링할 수 있었다.

"정부의 폐광지역 개발사업의 효과가 마을에 전혀 떨어지지 않았습니다. 호텔, 스키장이 들어서 관광객이 다녀가도 마을에는 아무도 오지 않았습니다. 지역을 살리자는 강원랜드가 오히려 지역을 망쳤습니다." 라고 마을호텔 18번가 협동조합의 김진용 상임이사는 말한다. 고한읍의 인구는 강원랜드가 들어서기 전 1995년 1만 명에서 4,400여 명으로 줄었다. 김진용 상임이사는 2003년부터 정선 폐광지역 살리기 공동추진위원회 사무국장을 맡아서 활동했다. 김 이사는 대규모 사업 한방으로 마을이 바뀌는 것이 아니라는 것을 깨닫게 됐다. 한집 한집씩 바꿔나가며 성과를 차곡 차곡 다져가야 실질적인 변화를 이뤄낼 수 있다는 점에 눈을 뜨게 됐다.

골목길에 탄생한 '마을호텔'

골목길의 표정이 바뀌었고 마을은 눈에 띄게 달라졌다. 마을 주민들은 이 사업을 정부, 자치단체의 사업이 아니라 본인들이 필요해서 시작한 마을사업으로 받아들였다. 하지만 마을 사업이 지속되기 위해서는 '수익'이 필요했다. 죽어가는 마을을 살리려면 경제활동을 살리는 것 말고는 답이 없었다. 그때 눈에 들어온 것이 마을의 빈집이었다. '우리 마을에는 빈집밖에 없습니다.'라는 사고방식이 '우리 마을에는 빈집이 있습니다.'라는 쪽으로 바뀐 것이다.

옛 식당 건물, 민박집이 '마을 호텔'로 탈바꿈했다. 마을의 점포들이 모여서 호텔의 기능을 종합적으로 수행한다.

1995년 폐광지역의 회생을 염원하며 주민 투쟁의 성과를 기념하기 위해 설립된 3.3기념사업회는 2007년부터 지역 아카데미를 정선에서 개최하고 있다. 2018년 영화제작소 '눈'의 강경환 대표가 처음으로 '마을호텔' 아이디어를 내놓았다. 이 아이디어를 김진용 상임이사와 주민들이 다듬어 지금의 마을호텔 18번가가 탄생했다. '18번가의 기적, 마을이 호텔이다'는 2018년 국토교통부 주관 도시재생 한마당 경진대회에서 최우수상, 12월에는 도시재생 소규모 뉴딜 사업에 선정돼 2억 원의 사업비를 지원 받았다.

마침내, 2020.5월 마을호텔 1호점이 옛 식당 건물에 문을 열었다. 고한읍에서 가장 오래된 고기구이 가게였지만 골목 상권이 쇠퇴하면서 사실상 놀리고 있던 점포였다. 이 식당 건물을 리모델링해서 방 3개를 만들었다. 객실 외에도 작지만 프론트, 공유공간 등을 갖췄다. 건물주는 마을호텔 18번가 협동조합에 5년 동안 건물을 무상 임대하는 조건으로 사업에 참여했다. 5년 후에는 건물주가 직접 운영하고 수익금의 일부를 협동조합에 내는 방식으로 전환될 것이다. 18번가 협동조합의 조합원은 모두 11명으로 대부분 이 마을에서 상가를 운영하는 주민들이다.

마을 '점포' 모여 '호텔' 이루다

마을 호텔의 객실 내부

원래 민박집이었던 건물은 마을호텔 2호점으로 탈바꿈했다. 강원도에서 지원을 받아서 방 3개를 만들었다. 이 민박집 주인이 운영하며 이익금의 15%를 협동조합에 낸다. 현재 마을호텔 18번가와 관련된 회원 상가는 모두 15곳이다. 사진관, 이발소, 카페 등은 호텔의 편의시설이 되고 마을회관은 컨벤션 센터 역할을 한다. 중국집. 초밥집 등의 마을 음식점들은 호텔 레스토랑이 된다.

사진관이 들어선 건물은 원래 동네 수퍼였다. 수퍼를 운영하던 노인이 돌아가시고 폐가처럼 돼 있던 건물이 강원도의 폐광지역 폐공가 공간재생 공모사업을 통해 사진관으로 탈바꿈했다. 공예 카페 '수작' 도 이 사업의 도움을 얻었다. 원래 음식점이었지만 상권이 침체되면서 거의 영업이 중단된 상태였다. 이 마을에서 공예를 배우던 주부들이 중심이 돼 카페를 만들어보기로 결심했던 것이다. 카페 '수작'은 마을호텔 1호점의 투숙객들에게 아침 식사를 제공하는 역할도 맡고 있다. 이처럼 원래 마을 주민들이 운영하던 점포가 그대로 마을호텔과 연계되기 때문에 젠트리피케이션의 우려는 크게 줄일 수 있었다.

이 마을에는 마을회관이 없어서 손님이 오거나 마을회의를 열

때 불편한 점이 많았다. 그때 눈에 들어온 것이 고한로터리클럽 건물이었다. 회원수가 감소해서 한달에 한두번밖에 사용되지 않았다. 로터리클럽은 이 건물을 3년간 무상으로 마을회관 용도로 사용할 수 있도록 허락해줬다. 또, 15년채 방치되던 폐가를 철거한 자리에 주민들을 위한 정원 쉼터도 만들어졌다. 모두 10채의 건물을 리모델링해서 상가, 공공시설로 활용하고 있다. 정부의 적절한 도움이 있어서 가능했다.

빈 점포를 활용해 마을호텔을 만들어보자는 아이디어에 대해서 처음, 주민들은 저러다 말겠지라고 생각했다. 과거, 마을 주민들은 선거 때마다 빈 집을 철거하고 재개발을 해달라고 요구해왔다. 하지만 재개발은 사업성 측면에서 채산성이 맞지 않아 현실적이지 않았다. 지방자치단체도 뚜렷한 대책을 내놓지 못하고 있었다. 그 대안으로 제시된 '마을 호텔'에 대해서 마을 주민들이 반대하지 않은 것은 그동안의 성과를 지켜봐왔기 때문이었다. 빈집이 리모델링을 통해 새롭게 태어나고 마을이 깨끗해지는 등 마을에 생긴 긍정적인 변화를 확인한 주민들은 '마을호텔'에 신뢰를 보냈다. 마을호텔18번가는 계속 마을호텔을 늘려나갈 계획이다. 마을호텔 18번가의 객실 가동률은 40% 수준이다.

마을호텔이 전국적인 지명도를 가진 확실한 집객 거점으로 인정 받으면서 소셜 이노베이션의 플랫폼 역할을 톡톡히 하고 있다. 골목길 정원박람회, 골목정원 달빛야행, 골목정원 할로윈 축제가 잇따라 열리면서 마을호텔 18번가와 동반 상승효과를 가져오고 있다. 또, 한지를 이용해 고한지역에서 자생하는 야생화를 만들어 LED 조명과 결합하는 LED 야생화만들기, 오즈로드 축제도 가세하면서 지역 관광의 완성도를 높여주고 있다.

가장 큰 변화는 '자긍심'

김진용 상임이사는 이 사업이 마을에 가져온 가장 큰 변화를 주민들의 자긍심이라고 힘주어 말한다. 주민들은 과거에는 이곳에 사는 것이 부끄럽다고 했지만 지금은 자랑스럽다고 말한다. 주민들이 직접 화분을 내놓고 길거리 청소를 하면서 '내가 마을을 바꿨다'는 생각이 본인들의 마음속에 프라이드로 자리잡게 된 것이다. 이 사업을 통해 집값이 상승했다는 점도 큰 변화라고 할 수 있다.

"마을을 변화시키는 주체는 주민입니다. 전국의 도시재생 사업을 보면 만들어놓은 시설을 운영할 주민 주체가 없거나 주민 갈등으로 건물을 짓지도 못하는 경우를 볼 수 있습니다." 김진용 상임이사는 마을호텔 18번가의 특징을 성과를 내며 한 걸음씩 한 걸음씩 사업을 확장해 나간 추진 방식에 있다고 설명한다. 정부의 도시재생사업은 아무리 주민들의 의견을 수렴한다고 해도 결국에는 정부가 세워놓은 방향에 따라 밑그림을 그리고 사업을 추진하게 된다.

함께 땀 흘리며 경험을 공유하는 '마을 공동체' 없이 외부의 힘, 예산만으로 마을을 바꾸기는 어렵다. 벤치마킹을 다녀오고 유명 강사가 나오는 강연을 듣고 주민들의 지식이 늘어났다고 해서 그것이 마을 재생으로 이어지는 것은 아니라고 김진용 상임이사는 말한다. " 지식만 늘어난 주민들은 마을을 바꾸지 못합니다. 행동하는 주민이 지역 발전의 주역입니다. 그러기 위해서는 우선 자기들이 필요하고 원하는 일을 해야 신이 나서 일하게 됩니다."

　마을호텔 18번가는 주민들이 길거리를 청소하고 화분을 내놓으면서 자신들이 할 수 있는 일을 자발적으로 한데서 시작됐다. 그러면서 신뢰가 싹트고 미래 비전의 가능성을 공유할 수 있게 됐다. 정부의 사업계획서나 용역 보고서가 신뢰를 준 것이 아니고 자신들의 결정, 행동, 그리고 이를 통한 마을의 변화에서 자신을 갖게 된 것이다. 마을의 가치를 높여준 자원은 100% 마을의 자원이다. 일상의 공간이 '자원'이 될 수 있고 그 자원으로 마을의 문제를 해결할 수 있다는 '마을의 재발견'에서 소셜 이노베이션이 탄생했다.

줄줄 새는 예산 '양동이'

　전통적으로 지역 개발의 3가지 중심 축은 공공투자(SOC), 산업단지 조성, 관광진흥이었다. 공공투자를 통해서 접근성을 강화하면 기업, 관광객들이 그 지역을 찾아오게 된다는 발상에서 출발했다. 최근 지역 자금의 역외 유출을 설명할 때 주목받는 아이디어가 '물이 새는 양동이'(The Leaky Bucket) 이론

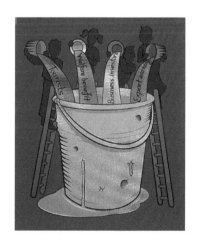

이다. 영국 런던에 본부가 있는 New Economic Foundation(NEF) 이 주장한 것이다. 정부의 공공자원, 기업 투자, 수출, 관광객의 소비지

출 등을 통해서 지역이라는 양동이에 돈이 들어와도 양동이에 구멍이 있으면 바깥으로 새나간다는 이론이다.

예를 들어, 지역에서 대규모 건설공사가 서울에 있는 1군 업체들의 손으로 이뤄지면 공사비의 대부분은 지역 밖으로 나가버린다. 공장을 유치해도 원재료. 부품 공급, 유지.보수와 관련된 업체가 해당 지역에 없으면 역시 돈은 밖으로 새나간다. 근로자를 해당 지역에서 채용했으면 급여는 지역에서 지출되지만 지역 상점보다 대형마트, 프랜차이즈에서 돈을 쓰면 역시 지역 밖으로 나가게 된다.

미국 캘리포니아 주 오클랜드의 빈곤에 관한 한 연구에서는 지역 경제로부터 새나가는 세 가지 자원이 빈곤의 주요 원인이라고 한다. 부재지주(不在地主)에게 지불되는 임차료(4,300만 달러), 타 지역 은행에 지불되는 이자(4,000만 달러), 도시 바깥의 상점에 지불되는 돈(1억 5,000만 달러) 등이다.[31] 돈이 밖으로 새 나간다는 것은 지역에 들어온 돈으로 지역 밖에 있는 사람을 먹여 살린다는 뜻이다. 자급하고 남을 정도로 콩을 생산하는 지역에 두부공장이 없다면 다른 지역에서 두부를 사다 먹어야 된다. 그 지역에 두부 공장이 있다면 지역민들이 일자리를 얻을 수 있고 공장의 원료(콩)구입비, 소비자의 두부 구입비, 공장 근로자의 인건비가 그대로 그 지역에 재투자돼 돌고 돌 수 있다.

신재생에너지 사업은 대표적으로 지역의 자원을 활용한 사업

---

31) 행복의 경제학, 著: 헬레나 노르베리 호지, 303P.

이다. 정부는 신재생에너지 보급을 확대하고 농가소득을 올리기 위해 농촌 태양광사업을 추진하고 있다. 국회예산정책처에 따르면 지난 2017년부터 5년 동안의 사업예산은 1조 460억 원으로 2017년 501억 원에서 2021년 3,435억 원으로 증가 추세에 있다. 그러나 농업인이 참여하는 농촌태양광의 설비용량은 2020년 2,257kW로 기존 농촌태양광의 0.3%밖에 되지 않는다. 정부 예산이 농산어촌에 투입돼도 그 지역 농민들의 수익으로 연결되지 않는 것이다.[32]

그나마 초기 투자비용이 많이 들고 운영비 부담도 있어서 소득이 높은 농업인 위주로 이뤄지고 있다. 정책 취지대로 농가 소득에 도움을 주기 위해서는 마을단위의 협동조합이 참여하거나 농사와 태양광 발전을 병행하는 영농형 태양광 발전을 활성화시켜야 한다. 또 하나의 문제점은 이 태양광 패널이나 풍력발전의 풍력 터빈을 생산할 수 있는 업체가 지역에 없다면 공사비의 대부분은 지역 밖으로 빠져나간다는 것이다. 자재비, 공사비, 부품교환, 유지비 등도 모두 외지로 유출될 수밖에 없다. 한양대 국제대학원 전영수 교수는 중앙.외부 의존적인 지역 재생작업은 양동이보다 돈에 집중한 사고체계라고 지적한다. 돈이 그 지역에서 돌고 돌아 지역경제를 살찌울 수 있는 토대보다는 자금 규모에만 관심을 가진 결과, 재생의 성과는 획일적이고 역외유출이 되풀이 된다는 것이다.[33]

---

32) 농가소득 증진을 위한 농촌태양광 사업 분석, 국회예산정책처, 2021.3
33) 화려한 겉면과 빈약한 속이 공존하는 '기업유치', 한국일보, 2022.7.5

지산지소(地産地消)에서 지소지산(地消地産)으로

지역에서 생산한 것을 지역에서 소비하는 운동이 '지산지소'(地産地消) 다. 반대로, 지역에서 소비하는 것을 지역에서 생산하자는 것은 '지소지산'(地消地産)이다.[34] 지역에 '소비'가 있다는 것은 그만큼의 '수요'가 있다는 뜻이기 때문에 이 수요에 맞춰 역내에서 생산을 하면 일자리가 창출되고 자금의 역외 유출을 막을 수 있다. 즉, 양동이에서 물이 새나가는 것을 막자는 뜻이다. 역내에 생산할 수 있는 기술자가 없으면 외부에서 유치해서 지역에 머물며 생산하도록 지원하면 된다.

2008년 조사에 따르면 미국 미시간 주의 그랜드 라피드 시에서 소비자의 10퍼센트가 대형 체인점이 아닌 지역 소매점에서 상품을 구매했다. 그 결과, 그 지역 경제가 급격히 성장해 추가 경제활동이 1억 4,000만 달러에 달했고 1,600개가 넘는 일자리가 새로 생겨났다.[35] '오래된 미래'의 저자 헬레나 노르베리 호지는 지역화는 본질적으로 지역에 기반을 둔 기업들 손에 경제활동을 맡겨 생산과 소비 간의 거리를 좁히는 과정이라고 주장한다.

일본 나가노현(長野県)이 2016년에 발표한 '인구정착실현종합전략'(人口定着確かな暮らし実現総合戦略)에는 '지역에서 소비하는 물건을 지역에서 생산하는 지소지산(地消地産)을 통해서 경제활력을 향상시

---

34) 地元経済を創りなおす, 著: 에다히로 준코, 70P.
35) 행복의 경제학, 著: 헬레나 노르베리 호지, 299P.

킨다'는 기본 방침이 제시됐다. 구체적으로는 자금의 역외 유출을 막기 위해 숙박시설, 음식점 등에서 사용하는 외부 식재료를 나가노산(長野産)으로 대체하고 학교, 병원에서도 지역산 농산물 이용을 촉진한다. 임업 분야에서는 나가노산 낙엽송을 활용한 한 공공시설, 주택 건설을 촉진한다.

덴마크는 2015년 연간발전량의 48.8%를 풍력발전으로 조달한다. 풍력 터빈 5,400기의 약 80%를 개인 또는 협동조합이 소유하고 있다. 2008년에 제정된 재생가능에너지촉진법에서는 지역 주민에게 이익을 환원하고 그 의견을 반영하는 장치로서 '해상을 포함해 전체 시설풍력발전에 대해서 설치구역의 지자체 주민에게 20% 이상의 소유권을 부여하는 것'을 의무화하고 있다. '지역의 바람은 지역의 것'이라는 사상을 구체화하는 법률이다.[36]

지역 주민들이 당사자가 돼 추진하는 자연 에너지 발전 사업은 '커뮤니티 파워'라고 불린다. 세계풍력에너지 협회가 정한 커뮤니티 파워의 3원칙은 첫째, 지역의 이해관계자가 프로젝트의 대부분 또는 전부를 소유한다. 둘째는 프로젝트의 의사결정은 커뮤니티에 기초를 둔 조직에 의해 이뤄진다. 셋째 사회적, 경제적인 편익의 다수 또는 전부를 지역에 분배한다. 미국의 Institute for Local Self-Reliance가 2014년 9월에 발표한 보고서 '지역우선 – 지역에 의한 에너지 소유는 왜 중요한가'에 따르면 재생가능에너지 설비를 지역주민이 소유하는 비율이 높은 경우를 그렇지 않은 경우와 비교한 결과, 지역사

---

36) 地元経済を創りなおす, 著: 에다히로 쥰코, 105P.

회에 가져오는 고용은 2.8배, 경제적 편익은 3.4배가 많았다.

비영리기구 Fair Food Network의 오랜 B. 헤스터먼(Oran B. Hesterman)은 공정하고 지속가능한 먹거리체계를 위해 공평성, 다양성, 생태학적 온전성과 함께 경제적 활력을 강조한다.[37] 경제적 활력이란 먹거리 체계가 지역경제의 일부로서 얼마나 기능하는가, 생산된 먹거리를 소비자에게 보내는 과정에 참여하는 모두에게 필요한 경제력 활력 창조를 돕고 있는가? 이다. 즉, 먹거리를 생산해서 공급하는 사업이 성장함에 따라 사업의 수익이 그 사업을 지원해온 지역공동체에 계속해서 축적돼야 공정하고 지속가능한 먹거리체계라고 할 수 있다는 것이다.

지소지산(地消地産)은 유통 거리를 줄여 친환경적이고 자금의 역외 유출을 막아서 지역 경제를 지켜내 친지역적이다. 근본적으로 '로컬푸드'의 개념과 다르지 않다. 로컬푸드를 통해서 소규모 농가들의 소득구조를 안정적으로 만들고 장기적으로 다양한 작목의 생산 기반을 구축할 수 있다. 지소지산을 통해서도 지역의 제조업, 소매업 등의 풀뿌리를 튼튼히 할 수 있다. 또 유통비용을 감소시켜 더 합리적인 가격에 상품, 용역을 소비자에게 공급해 소비자의 편익을 증대시킬 수 있다.

---

37) 페어푸드, 著: 오랜 B. 헤스터먼, 82P.

지역내 조달 시스템

소비와 생산활동의 결실이 최대한 지역에 스며들도록 우선, 대량으로 소비되지만 지역에서 생산되지 않는 품목을 역내에서 생산할 수 있는 방법을 면밀하게 살펴봐야 된다. 원재료가 지역에서 생산되지 않는 경우, 또는 원재료는 지역에서 생산되지만 가공을 지역 밖에서 하는 경우다. 지역에서 원재료를 생산하지 못하는 원인을 들여다보고 자급이 가능한지를 진단한다. 가공을 외부에서 할 경우에는 기술자를 양성해서 창업을 유도하거나 이것도 어려우면 아예 기술자를 외부에서 데려올 수도 있다. 지역에서 태양광 패널을 생산해서 설치, 유지.관리, 부품교환까지 할 수 있는 업체가 있다면 그만큼의 일자리를 만들어내고 자금의 역내순환이 가능해진다.

헬레나 노르베리 호지는 '행복의 경제학'에서 지속 가능한 부를 창출하는 핵심은 지역사회로부터 돈이 과도하게 유출되는 것을 방지하는 것이라고 주장한다. 또, 공동체가 생산한 부를 지키는 가장 중요한 요소는 지역 기업을 지역 주민들이 직접 소유하는 것이라고 강조한다. 그러나 시장 경쟁력이 떨어지는 지역 업체를 '역내 생산'이라는 명분으로 먹여살리거나 모든 것을 역내 조달하는 배타적인 경제권을 추구하자는 것은 아니다. 자금의 역외유출을 최소화하려는 관점이 자치단체의 정책에 반영돼야 한다는 것이다.

맛있는 빵집이 없어서 프랜차이즈 빵집을 이용해야 한다면 능력 있는 빵 세프가 지역 내에서 창업하도록 함으로써 자금 유출을 줄이고 일자리를 만들 수 있다. 전국적으로 프랜차이즈가 골목상권을 잠식했지만 개성 있는 빵집들의 도전도 눈에 띈다. 우석대학교 황태규 교수는 동네빵집이 제2의 로컬푸드가 될 수 있다고 주장한다. 황교수는 '동네빵집의 귀환'을 위해서는 지방자치단체의 관심과 좋은 재료로 승부하겠다는 양심 있는 빵집 주인, 생산자의 진정성을 알아주는 깨어있는 소비자가 있어야 된다고 말한다.[38] 지역 사회가 동네빵집 살리기 운동에 나서주고 독특한 맛과 저렴한 가격의 동네빵집이 살아난다면 지역과 함께 성장해갈 수 있을 것이다.

생활필수품의 경우, 지역 점포에서 구매하면 그 점포는 생업을 유지할 수 있다. 만약에 이 점포가 매출 부진으로 문을 닫게 되면 지역민들에게는 물품구매처의 선택지가 하나 사라진다. 남은 선택지는 대형매장, 프랜차이즈 점포를 사용하는 것밖에 없다. 소비자에게는 대단히 취약한 소비 환경이다. 지역의 상권과 지역 사회를 지켜낸다는 공동체 의식이 없다면 지역경제의 풀뿌리는 계속 뽑혀나갈 것이다. 지역 공동체의 유대, 신뢰 관계는 자금의 유출을 최소화할 수 있는 순환경제의 버팀목이다. 지역 업체가 생산한 제품의 가격, 성능이 떨어져서 소비자들의 선택을 받지 못하는 것은 시장의 흐름에 맡기면 된다. 지역의 경제 주체의 시공 능력을 끌어올리고 지역 업체들이 비즈니스 마인드를 키워 지역 시장의 틈새 시장을 공략하거나 새로운 수익모델을 구축해서 자금의 역내 순환을 늘려가야 한다.

일본에서 인구 유치의 새로운 모델로 꼽히는 가미야마정(神山町)의 민간단체, NPO법인 그린밸레는 독특한 유치 전략을 사용하고

---

38) 지역의 시간, 著: 황태규, 57P.

있다. '누구라도 좋으니 제발 우리 지역으로 이주해주세요' 가 아니다. 마을에 필요한 사람을 콕 집어서 유치하는 방식이다. 과거에는 있었지만 지금은 사라진 빵집, 치과, 식당, 염색공방 등을 마을에 오게 해서 마을의 정주여건을 보완하는 것이다. 이렇게 하는 것은 우선 마을의 정주여건을 보완, 유지하기 위한 것이지만 결국에는 지역의 자금 유출을 막고 새로운 일자리를 만들어내며 연관 산업으로 파급효과를 낳는다.

일단 지역에 들어온 돈이 지역에 머물며 지역에서 돌게 만드는 구조를 만들어야 한다. 한양대학교 국제대학원 전영수 교수는 이 구조를 양동이에 들어온 투하자금이 유출·소멸되기 전에 여러 차례 돌고 도는 '역내승수효과'((Local Multiplier Effect)로 설명한다. 즉, '역내투자→역내생산→역내소득→역내소비→역내조달'의 실현회차별 승수배수는 커진다고 지적한다.[39] 이 사이클에서 화살표가 끊겨 자금이 역외로 유출되면 효과는 차감된다. 지역의 건설업이 취약한 상태에서는 아무리 정부에서 SOC 건설예산을 따오더라도 그 돈은 지역에 스며들지 않는다. 지역 건설업의 경쟁력을 끌어올리지 않고서는 '앞에서는 돈을 벌지만 뒤로는 밑지는 장사' 를 할 수밖에 없다.

코로나 펜데믹으로 고사 위기에 몰린 자영업자들에게 숨 돌릴 틈을 마련해준 것은 '지역화폐'였다. 재난지원금을 지급받으면서 국민들은 자연스럽게 '지역화폐'를 사용하게 됐다. 지역내 소비, 골목소비가 늘어났고 재난지원금이 지역화폐의 형태로 그 지역에 고스

---

39)　화려한 겉면과 빈약한 속이 공존하는 '기업유치', 한국일보, 2022.7.5

란히 스며들면서 지역경제에 힘이 됐다. 지역화폐는 재화, 서비스의 유통뿐만 아니라 유통에 참여하는 사람들 사이를 연결하는 역할을 하기도 했다. 이로 인해 지역사회의 사회적 자본이 두터워지는 무형의 경제 효과 역시 상당할 것으로 관측된다.[40]

지역화폐가 해당 지역에서 결제 수단으로 계속 돌고 돌면 지역 순환경제로 이어진다. 다만, 지금까지 지역화폐에는 정부 예산을 지렛대로 하는 인위적인 경기부양책의 성격이 강했다. 정부가 할인혜택을 지원하지 않아도 지역화폐를 계속 사용할 수 있는 사회적연대, 깨어있는 소비자 의식을 쌓아가는 것이 과제라고 할 수 있다.

---

40) 포스트 코로나와 로컬뉴딜, 著: 유창복, 이재경, 김다예

8장.
새로운
'公共'

공공서비스 어떻게 유지하나?

정부는 2070년 한국의 인구가 3,766만 명으로 감소할 것으로 전망하고 있다. 인구는 줄어들지만 주민들의 서비스 수요는 인구감소에 비례해서 줄어들지 않는다. 저출산 고령화로 인해서 세수가 감소하고 지자체의 재정기반이 약화돼 공공 서비스를 유지하려면 예산 부담은 더 커지게 된다.

전남 고흥군의 경우에 관내 적자노선과 벽지노선에 대해서 버스업체에게 지원한 보조금이 2008년 12억 원에서 2018년에는 32억 원으로 증가했다. 연간 도로 보수 예산은 17억 원에서 45억 원으로 늘었다. 한국고용정보원이 발표한 2014년 소멸위험도에서 고흥군은 전국에서 두 번째로 높았다.

경북 청도군의 연간 버스 보조금은 2008년 1억 2천만 원에서 2018년 6억 3천만 원, 경북 봉화군은 5억 6천만 원에서 2018년에는 12억 4천만 원으로 늘어났다. 중소도시의 경우도 예외가 아니다. 전북 김제시의 버스 보조금은 15억 5천만 원에서 34억 9천만 원으로 두 배 이상 증가했고, 도로유지예산도 17억 2천만 원에서 33억 7천만 원 으로 늘었다. 마강래 교수의 '지방살생부'에 따르면 1인당 평균 세출 (2001년-2016년)이 대도시의 경우, 427만 원에서 1,619만 원으로 1,192만 원이 증가했지만 군지역에서는 1,984만 원에서 7,369만 원으로 5,385만 원이 늘어났다. 2027년이 되면 대도시는 2,467만 원, 군지역은 1억 1,739만 원이 될 것으로 예측했다.

주민 1인당 세출액

(단위: 만 원)

	2001년	2016년	2027년(추정)
대도시	427	1,619	2,467
축소도시 (20곳)	1,368	4,822	7,568
군 단위	1,984	7,369	11,739

자료: '지방살생부' 정리

그렇다고 해서 군지역 주민들의 복지 수준이 더 높아지는 것은 아니다. 대도시는 주민이 밀집돼 있으니 같은 서비스를 제공해도 비용이 상대적으로 적게 들고 농촌은 인구가 분산돼 있기 때문에 더 드는 것이다. 소규모 지역에서는 공공시설을 지금 수준으로 운영하는 데도 큰 부담이 따를 것이다. 축소시대에 제대로 대처하기 위해서는 국가, 지자체 주도의 노력만으로는 한계가 있다. 결국, 지역 주민, 민간 주도의 활성화에서 답을 찾아야 할 것이다. 읍면 지역일수록 자족 (自足)기능, 자기 결정성을 보완하기 위해서는 다양한 형태의 민관협력이 시도돼야 한다.

운남시(雲南市)의 '지역자주조직'

　　일본 시마네현(島根県)은 인근의 돗토리현(鳥取県)과 함께 일본에서 인구가 가장 적은 현이다. 과소(過疎) 마을이라는 말이 나온 곳도 이곳일 정도로 인구감소와 공동체 소멸의 위험이 심각하다. 시마네현의 동부에 있는 운남시(雲南市)는 인구 38,000여 명의 소규모 지자체다. 위기 의식이 강했기 때문에 문제를 해결하기 위한 노력도 절실했다.

　　운남시는 2005년부터 '지역자주조직'이라는 민간조직을 설립했다. 주민들이 지역의 정주여건을 보완해가는 지역 자치(自治)조직으로 전국적인 주목을 받고 있다. 현재 30개의 지역자주조직이 활동하고 있다. 한곳의 지역자주조직이 맡고 있는 인구는 200명에서 6,000명이다. 운남시는 폐교가 된 학교, 공민관(公民館) 등의 공공시설을 거점공간으로 제공하고 운영비를 지원한다.

　　대표적인 지역자주조직으로 꼽히는 하타(波多) 커뮤니티 협의회는 생활필수품 판매시설, 마을택시, 복지 프로그램 등을 운영하고 있다. 지역에 하나밖에 없는 소매점이 2014년에 철수하자 당장 주민들의 장보기가 발등의 불로 떨어졌다. 이 문제를 해결하기 위해 폐교 건물에 생필품 판매시설을 열었다. 50제곱미터 면적에 800개 품목이 비치돼 있다. 하루 평균 40명의 주민이 이용한다.

　　매주 수요일에는 차 마시는 날, 한달에 한번은 DVD 영화감상, 건강체조교실 등을 개최한다. 이런 활동을 통해 노인들이 얼굴을 맞대고 교류할 수 있는 안정적인 공간이 생겼다. 희미해져 가는 마을공동체를 유지하는 데는 소중한 존재가 아닐 수 없다. 지진, 수해 등에 대비해서 안심카드 작성, 안부확인 카드, 방범 메일, 재해연락망 유지 관리 등의 업무도 맡고 있다.

지역에 하나밖에 없던 농협의 소매점이 문을 닫자 지역자주조직이 2014년에 폐교 건물에 생활필수품 가게를 열어 운영하고 있다.

2016년부터는 마을택시를 무료로 운영하고 있다. 택시 회사가 있지만 운행시간이 제한돼 있기 때문에 그 틈을 마을택시가 채워준다. 한 해 1,500여 명의 노인이 마을택시를 이용했다. 커뮤니티협의회 직원이 직접 택시를 운전한다. 주요 프로그램을 커뮤니티 협의회 회원 5명이 교대로 하기 때문에 인력을 효율적으로 운영할 수 있다. 직원들의 인건비는 운남시의 보조금과 자체 사업의 수익금으로 충당하고 있다. 이런 사업에 주민들이 참여함으로써 그 경험이 내부에 쌓여서 마을 공동체가 성장할 수 있다. 주부들에게는 영농, 가사를 병행하면서 참여할 수 있는 시간제 일자리가 만들어졌다.

"운남시(市)의 기본 구상은 주민 스스로 할 수 있는 일은 스스로 하되, 할 수 없는 일은 행정이 확실하게 도와준다는 것입니다. 지역자주조직이 활성화되면 인구감소에 제동이 걸릴 수 있다고 생각합니다." 하야미 유이치(速水雄一) 운남시장의 설명이다. 과거의 주민조직이 친목단체의 성격이었다면 지역자주조직은 교통, 복지, 생필품 구매 같은 민생문제를 담당하는 문제해결형 조직이다. 공공서비스를 행정에게만 의지하지 않고 주민조직이 나눠서 맡는 방식이다. 30개의 지역자주조직이 지역의 특성에 맞게 각종 복지 프로그램, 노인 식사의 날, 이동 장터, 마을식당, 독거노인 도시락 배달 서비스 등을 운영하고 있다.

과소(過疎) 마을 '거점' 만들기

일본 정부도 같은 맥락에서 '작은 거점 만들기'(小さな拠点づくり)를 지방소멸 대책으로 추진하고 있다. 기본적으로 주민들이 스스로 마을 공동체를 유지할 수 있는 힘을 기르도록 하겠다는 취지다. 폐교, 미치노에끼(道の駅), 또는 기타 공공시설을 마을의 거점 공간으로 제공해서 주민들이 자체적으로 생필품 판매, 교통, 의료, 교류 시설 등을 운영할 수 있는 기반을 구축해주고 있다. 지금까지 1,267곳의 거점이 조성됐고 2024년까지 1,800곳까지 확대한다는 계획이다.

'작은 거점'이 중요한 것은 이곳을 기반으로 여러 주체가 지역과 손을 잡고 다양한 시도를 할 수 있기 때문이다. 지역주민들이 자치단체, 민간 사업자, 각종 단체와 다양하게 연계해서 역할을 분담하며 각종 생활 필수기능을 보완하거나 확충할 수 있다. 인구가 감소해서 각종 생활 서비스가 축소되고 있는 농산어촌에는 많은 과제가 있는 만큼 사회적 기업이 활동할 공간이 생긴다. 교육, 보건, 육아 등 지역사회에 필요한 서비스를 제공하기 위해 지역기반의 협동조합을 육성하고 이 과정에서 작은 일자리가 창출될 수 있다. '작은 거점'은 이런 활동의 구심점이다.

지자체는 지역주민을 복지서비스의 '대상'으로 봐왔다. 마을 운영의 주체적인 '참여자'로서 바라보는 시각은 최근의 일이었고 제한적이었다. 주민, 공동체, 민간의 영역을 공공의 하청기능이 아니라 보완기능, 협력기능으로 받아들이는 인식의 전환이 필요하다. 다양한 영역에서 민간과 손을 잡고 연계할 수 있는 사업과 사업방식을 발굴해야 한다. 관리하기 귀찮은 업무를 단순히 위탁하거나 비용을 절감하기 위해 업무를 맡기는 수준으로는 민간의 창의력을 극대화하기 어렵다.

지역민들이 일궈낸 소셜 이노베이션(social innovation)이 지방을 바꿀 것이다. 정부가 언제까지나 예산을 지원해준다면 주민들의 노력은 싹트지 않는다. 그 지역의 '자치력'은 쇠퇴하게 되고 정부가 꽂아주는 인공호흡기가 빠지는 순간 맥 없이 쓰러지고 만다. 인구 감소시대에서야말로 '민관 거버넌스'(Governance)의 작동 여부가 지역의 차이를 가져올 것이다. 농촌의 하드웨어는 예산을 투입해 확충할 수 있지만 청년회, 부녀회, 마을기업, 협동조합 같은 인적 소프트웨어는 돈만 가지고 만들어내기 어렵다. 소프트웨어를 어떻게 보완하고 육성할 것인가, 농촌재생의 핵심이다.

민관 합작의 원도심 활성화

일본 시즈오까현(静岡県) 후지에다시(藤枝市)는 인구 13만 명의 중소도시다. 후지에다시는 2가지의 숙원 사업을 안고 있었다. 하나는 시립병원이 시 외곽으로 떠나고 더욱 깊어지는 원도심의 공동화를 막는 것이었고 다른 하나는 낡은 도서관을 대신해서 현대식 도서관을 확충하는 것이었다. 2009년 시립 병원 터에 4층 규모의 복합상업 건물이 들어섬으로써 두 가지 과제를 해결할 수 있는 발판을 마련하게 됐다.

복합상업건물은 후지에다시와 민간이 손을 잡고 추진했다. 후지에다시가 시립병원 터를 내놓고 민간사업자가 그 위에 건물을 올리고 세입자를 모집했다. 3층에는 30만 권의 장서를 보유한 시립도서관을 조성했다. 후지에다시는 돈 한푼 들이지 않고 시의 숙원사업이었던 도서관을 확보하고 원도심도 살릴 수 있었다. 민간사업자는 토지 매입 대금을 아끼고 복합상업건물을 건립할 수 있었다.

이바라키현(茨城県)의 스치우라시(土浦市)는 원도심 활성화, 시청사 건립 문제를 동시에 한 테이블 위에 올려놓고 고민했다. 해법은 역 앞에 있는 상업건물을 매입해서 시청사로 사용하는 것이었다. 이 상업건물은 재개발사업으로 1997년에 들어섰지만 매출이 감소하면서 세입자가 빠져나가 명맥을 유지하기도 힘들었다.

마침, 청사가 낡아서 이전을 검토하던 스치우라시는 이 건물을 매입해서 2015년에 입주했다. 시청 직원 700명에 시청사 하루 방문객 1,500명 등이 유입되면서 원도심 활성화에 도움이 됐다고 판단하고 있다. 건물을 새로 짓지 않고 매입함으로써 시간은 물론 예산도 절감할 수 있었다. 시청사 지하에는 슈퍼마켓과 미용실 등이 입주해 있어서 임대료 수입도 올리고 있다.

지자체는 '코디네이터'

2020년 코로나19 확진자가 나왔을 때, 전국적으로 기초자치단체들은 지역 특성에 맞는 다양한 대책을 내놓았다. 경기도 수원시에서는 공적마스크 5부제가 시행될 때 노약자, 임산부, 장애인들에게 제공할 마스크를 구하기 위해서 시청 간부 15명이 경기도의 마스크 공장을 돌아다니며 20만 장의 마스크를 확보했다. 경기도 구리시는 만원 버스에서의 감염 확산을 막기 위해 출근 시간대에 전세버스를 운영했다. 승객 분산 효과뿐만 아니라 코로나19 여파로 운행을 멈춘 전세버스에게도 도움이 됐다[41]

부천시는 전국 최초로 결혼이민자에게도 재난지원금을 지급할 수 있도록 조례를 개정했다. 이밖에도 해외 입국자 수용, 방역, 안심식당 지정, 호흡기 전담 클리닉 등에서 자치단체들은 지역 실정에 맞는 아이디어와 발 빠른 대응으로 호평을 받았다. 중앙정부가 미처 생각하지도 못한 정책을 신속하게 도입하며 다양한 정책 실험을 진행했다. 재난지원금을 주도한 것도 지방자치단체였다. 중앙정부가 재정 건전성을 이유로 3개월 가까이 논쟁을 하고 있을 때 일부 기초자치단체들은 전 주민을 대상으로 재난 지원금을 지급했다.

자치단체들의 대응은 제대로 된 풀뿌리 '지방자치'에 가깝다는 평가를 받기도 했다. 경직된 중앙정부에 비해서 지방자치단체의 현장 대응력이 훨씬 뛰어났다. 이런 문제 해결력이야말로 앞으로 지방

---

41) 포스트 코로나와 로컬뉴딜, 著: 유창복, 이재경, 김다예.

자치단체에게 요구되는 능력이다. 재난이 삶의 일부가 되는 시대, 인구 감소 시대에서 주민들의 삶을 지켜줄 존재는 지방자치단체다.

지금까지 자치단체의 1차적인 역할은 공공서비스를 제공하는 것이었다. 이제는 문제를 해결하는 '코디네이터'의 역할이다. 귀농, 귀촌인을 비롯해서 다양한 주체들이 그 지역에서 능력을 발휘할 수 있도록 상충되는 이해관계를 협의, 조정, 중재하고 지역에 필요한 자원, 인재를 확보하는 것이다. 코디네이터의 핵심은 연계능력이다. 자치단체의 힘만으로는 버겁기 때문에 다양한 단체, 기관의 힘, 지혜, 전문성을 활용할 수 있는 능력이 필요하다. 지자체의 역량이 뛰어날수록 지역에 필요한 기관, 대학, 연구소의 힘을 끌어와서 지역의 문제를 해결하고 새로운 가능성을 만들어낼 수 있다.

지역에서 나오는 목재 부산물을 열원(熱源)으로 하는 에너지 공급시설을 예로 들어보자. 자치단체가 시설을 건립해서 에너지를 해당 지역의 학교, 공공기관에 판매한다. 그 수익금으로 에너지 공급시설의 유지, 보수, 인건비까지 감당하며 재정적으로 독립할 수 있다면 대성공이다. 그렇게 되면 이 에너지 공급시설에 목재 부산물을 공급하는 임업인, 산림업체, 시설을 운영하는 지역의 협동조합, 기존 전기료보다 싼 값에 에너지를 공급받는 학교, 공공기관 모두에게 득이 되는 것이다.

여기서 발생하는 부가가치는 100% 지역에 스며든다. 또, 에너지의 대외 의존도를 줄일 수 있고 지역주민을 위한 일자리까지 만들어내는 대단히 중요한 사업이다. 이 사업의 관건은 크게 3가지다. ①

목재 부산물 공급의 서플라이 체인(supply chain) 구축 ② 운영 주체 육성, 선정 ③ 비즈니스 모델 구축이다. 즉, 지역내에서 목재 부산물을 안정적으로 수집, 운반, 공급할 수 있는 공급망을 구축하는 것, 에너지 공급시설을 운영할 수 있는 민간의 운영 주체를 육성하는 것, 마지막으로 사업성을 검증해서 이 사업의 수익구조를 짜맞추는 것이다. 여기서 발생하는 문제를 어떻게 해결할 것인가? 자치단체의 기획, 연계 능력에 달려 있다.

축소시대에 자치단체의 살림살이는 더 팍팍해질 것이다. 과거에 건립했던 공공시설은 부메랑이 돼서 발목을 잡게 된다. 인구감소로 이용객은 더 줄어들어 시설을 유지하는데 따른 재정 부담은 더욱 커질 것이다. 공공 서비스의 축소를 최소화하기 위해 어떻게 운영의 묘를 살릴 것인가. 핵심은 목적 중심의 유연한 발상과 경영능력이다.

유휴시설, 공원 등의 활용에 있어서 공공수입을 거둬 시설 유지에 활용하거나 다기능 복합화를 핵심으로 공공시설의 재배치, 민간시설의 연계 활용 등도 검토해볼 수 있다. 시설 건립이 목적이 아니라 '공공 서비스'의 제공을 최종 목적으로 생각한다면 유연한 발상이 가능해질 것이다. 자치단체에게 사업완료는 반영된 예산을 100% 집행한 것을 의미한다. 하지만 이제는 시설을 건립할 때 재정 지출을 어떻게 회수하고 기본적인 운영비를 어떻게 자체 조달할 수 있을 것인가를 자치단체 살림살이의 정책적 관점에 포함시켜야 한다.

인접 자치단체 간의 연합, 공조 등 광역화는 소규모 자치단체들에게는 새로운 기회가 될 것이다. 지방자치단체의 개별 대응보다는 인근 지자체와의 협력을 기본으로 해서 '범위의 경제'를 일궈내 사업성을 높여야 된다. 개별 대응은 인근 지역과 중복돼 불필요한 경쟁을 가져오고 효율성을 떨어뜨린다. 환경시설의 공동 운영, 농산물 연합 마케팅, 공공시설의 광역화, 서비스의 복합화 등이다. 주민들의 민원, 시장의 흐름은 기초자치단체의 행정구역은 물론 광역 시.도를 뛰어 넘는 상황에서 기초지자체 단위에 묶인 대응으로는 지역 문제에 제대로 대처하기 어렵다.

기본적으로 자치단체의 업무는 정부가 내려보내주는 예산을 사용하는 일이라고 할 수 있다. 이런 구조에서는 비즈니스 마인드가 길러지기 어렵다. 민간조직과의 인사교류를 통해서 민간의 경영감각, 기획력, 성과중심의 사고 등을 몸에 익힐 수 있는 인사시스템이 필요하다. 공무원의 출신 배경과 공무원 채용의 다변화를 통해서 일하는 방식의 변화를 적극적으로 추구해야 한다.

9장.
대전환의
시대

다양한 삶의 모델

코로나 19가 우리 사회에 던지는 메시지는 무엇인가? 대량생산, 대량소비 사회는 더 이상 유효하지 않다는 것이다. 과도한 집중보다는 '분산', 단독보다는 '공조'(共助), '연계' 가 이 사회의 존립에 더 이상 선택이 아니라는 것을 말하고 있다. 대외적인 의존도를 줄여서 최소한의 자립기반을 갖추는 것도 새로운 생존 조건이다. 코로나와 같은 재난, 재해는 그 사회의 공동체의 능력을 검증한다. 코로나 펜데믹, 기후위기, 지방소멸의 위기를 극복하기 위해서는 우리 사회 시스템과 국토 정책의 대전환이 필요하다. 그 키워드는 '회복탄력성' 과 '다양성' 이다.

마커스 브루너마이어, 프린스턴대 경제학과 교수는 '회복탄력 사회'(The Resilient Society)에서 시도하고 실패하고 회복할 수 있는 힘을 강조한다. 마커스 교수는 사회는 각 개인에게 꿈꾸고, 새롭게 시도하고, 전략을 세우고, 심지어 실패할 자유를 부여해야만 발전할 수 있다고 주장한다. 무작정 보호하기보다 그들에게 실험과 호기심을 장려하고 실패에 대처하는 회복력을 다질 수 있게 도와야 한다는 것이다.

그러기 위해서는 인생을 살아가는 모델, 일 하는 방식이 더 많아지고 다양해져야 한다. 오랜 세월, 우리 사회에서는 이른바 좋은 대학을 나와서 대기업에 취업해서 넓은 평수의 아파트를 사고 아이를 좋은 대학에 보내는 것이 성공한 삶의 유일한 기준으로 받아들여져 왔다. 이 모델에서는 인구의 흐름이 지방에서 서울을 향하는 한가지 방향뿐이다. 오로지 하나의 모델을 쫓아서 하나의 방향으로만 몰리고 있는 것이다.

야마시타 유스케(山下 祐介) 도쿄도립대학(東京都立) 교수는 다양한 삶의 방식을 실현시키고 뭔가에 편중돼 사람들이 모이고 획일화되지 않도록 사람들의 선택지가 넓어지는 사회를 확립해가야 된다고 주장한다. 또, 정치, 행정이 그런 사회를 만들 수 있는 틀을 보장하는 것이 중요하다고 지적한다.[42] 다양한 삶의 방식이 실현되려면 우리가 가지고 있는 '성공'과 '행복'에 대한 정의가 바뀌어야 한다. 획일화되고 편중된 사회는 결국 서열화, 계량화를 가져올 수 밖에 없고 그 서열에 따라서 만족도, 자존감이 결정된다.

홍익대학교 유현준 교수는 저서 '공간의 미래' 에서 획일화된 사회에서 가치판단의 기준은 정량화되고, 정량적 가치관으로 행복을 측정하는 나라에서는 극소수의 사람만이 행복해진다고 주장한

---

42)　人口減少と東京一極集中, 土地総合研究 (2018年冬号119)

다.[43] 나만의 라이프 스타일을 찾을 수 없는 사회다 보니 하나의 라이프 스타일에 끼워 맞춰서 살아야 하기 때문에 불행한 사람이 늘어날 수밖에 없다는 것이다. 따라서, 사회에서 추구되는 삶의 형식이 10가지가 된다면 행복한 사람이 10배 늘어날 것이라며 추구하는 삶의 다양성을 키워 가는 것이 소득 3만 달러를 넘는데 우리 사회에 필요한 덕목이다고 힘주어 말하고 있다.

인간은 누구나 단 하나밖에 없는 인격체로서 존중받고 싶어 한다. 특정 분야의 능력이 부족해도 누구와도 비교, 대체될 수 없는 장점, 가치를 지닌 소중한 존재로서 인정받고 싶은 욕망을 가지고 있다. 이런 바람이 실현되려면 다양한 삶의 방식, 다양한 행복의 기준이 존중받는 사회가 돼야 한다. 무엇보다도 공동체가 굴러가는데 필요한 필수 노동을 존중하고, 상응하는 처우를 인정하는 사회적 합의가 필요하다. 경제적 가치에 따른 서열화, 그리고 '누구도 나의 삶을 책임지지 않는다'는 각자도생의 각박함 앞에서는 '공생'(共生)은 설 곳을 잃는다. 인간에 대한 사랑, 삶의 가치의 고귀함, 열심히 살아가고자 하는 의지가 존중받는 사회에서 '행복'의 기준은 다양해진다. 그랬을 때, 사회적 불안, 실직, 질병 등의 위험에서 다시 일어설 수 있는 회복탄력성을 가지게 된다.

'단절'의 시대

지방소멸은 지금까지 우리 사회를 운영해 왔던 사회 시스템, 국

---

43)   공간의 미래, 著: 유현준, 297P. - 299P.

토정책이 사실상 파산을 선고한 것이라고 할 수 있다. 여기에, 기후변화, 식량위기, 코로나 펜데믹은 우리 사회가 지금 어떤 방식으로 살아가고 있고, 어떤 사회를 만드려 하는가에 대해서 깊이 있는 성찰을 요구하고 있다. 그 성찰의 키워드는 '단절'이다.

우리 사회는 SNS를 통해 전국 어디에서나 실시간으로 연결될 수 있는 초(超) 연결사회다. 세계에서도 유례를 찾아보기 힘들만큼 강한 연결망을 공유하고 있다. 그러나 역설적이게도 그 속에서도 분리, 단절된 곳이 있다. 우선, 수도권과 지방의 관계다. 지방을 떠나서 수도권으로 들어간 주민은 대부분 다시 돌아오지 않는다. 인구는 '환류'(還流) 되지 않는다. 지금처럼 인구가 감소하고 농산어촌의 소멸이 우려되는 상황이 지속되면 농산어촌을 고향, 외가로 둔 인구는 계속 줄어들게 된다. 2021년을 기준으로 수도권에는 전체의 50.4%인 2,608만 명이 살고 있다. 출신지역을 기준으로 한 국민들의 다양한 구성(mix-up)은 기대하기 어렵게 됐다. 다양성의 상실은 다양한 만남이 가져오는 창의성, 역동성의 결핍을 낳을 수밖에 없다.

수도권 인구가 계속 늘어나면서 지방을 경험하지 못한 사람이 국토정책을 입안, 실행하고 농산어촌을 경험하지 못한 사람이 농림어업 행정을 맡게 된다. 수도권 주민들이 '지방'을 경험하는 가장 일반적인 방식은 '관광'이다. 용산역에서 KTX를 타고 내려가다가 전주역에서 내려 한옥마을에 들러서 점심 먹고 여수로 내려가서 하루 자고 다시 서울로 올라온다. 그 지역의 맛집, 명소만을 둘러보는 관광에서 지방의 삶의 공간을 마주할 기회는 없다. 피상적인 일회성 만남에 교류(交流), 교감(交感)이 없으니 공감(共感)이 생길 리 없다.

수도권은 과대(過大) 대표되고 농산어촌, 농림수산어업은 과소(過小) 대표될 것이다. 1인 가구는 33.4%로 앞으로 계속 늘어날 것이고 비혼(非婚)자, 독거노인, 비정규직 등도 계속 증가한다. 무연(無緣) 사회로 가게 되면 공동체, 사회적 연대는 더욱 약화될 수 밖에 없다. 1995년에 발생한 일본의 고베 대지진에서는 6천 명이 넘는 사망자와 4만여 명의 부상자가 나왔다. 당시 구조된 주민의 80%는 소방, 경찰 같은 공공조직이 아니라 지역 주민에 의해 구출됐다. 구조가 필요한 주민이 지금 어디에 있는지 가장 잘 알고 있고 이들과 가장 가까이에 있는 존재가 이웃 주민이다. 초기 재난 상황에서는 공동체의 역량이 그 지역의 운명을 가를 수 있다.

서울시교육청 조희연 교육감은 지난 30년 동안의 민주화 과정에서 자신의 권리나 이익을 당당하게 추구하는 역량은 생겼지만 공동체적 역량은 키우지 못했다고 지적한다. 공동체 문화가 뿌리를 내리지 못한 사회는 '고비용 사회'가 된다. 외부의 충격에 약하고 '회복'이 더디며 각종 재난, 재해로부터 다시 일어설 수 있는 회복탄력성이 낮은 사회가 될 것이다.

1차 산업과 소비자의 분리

두 번째의 단절은 1차 산업과 소비자의 관계다. 식탁에서 생산 현장까지의 거리가 멀어지면서 농림수산업, 환경에 대한 사회적 인식이 성숙되지 못했다. 생명을 잉태하고 국민들의 먹거리를 책임지는 생명산업의 가치가 외면받고 있다. 효율, 생산비 절감을 최우선으로 하는 글로벌 가치사슬이 코로나 시대, 국경이 봉쇄되면서 취약성을 고스란히 드러냈다. 해외 의존도가 높은 농산물 공급은 더욱 불안정해지고 국내 농업 기반은 갈수록 위축되고 있다. 식량 자급, 지역 농산물의 중요성, 가치를 외면한 결과다.

E.F 슈마허는 근대 세계에 널리 퍼진 질병은 도시와 농촌 사이에 존재하는 전반적인 불균형이라고 지적한다. 슈마허는 도시의 건강함이 농촌의 건강함에 의존한다는 사실은 변함 없는 진리이며 모든 경제 생활의 전제 조건인 1차 생산은 농촌지역에서 이뤄지고 도시와 농촌 사이에서 적절한 균형을 회복하는 것이야말로 오늘날 인류가 직면한 가장 큰 과제일 것이라고 주장했다.[44]

2015년 한중 FTA 국회 비준 당시, FTA로 피해를 본 농어업인과 농어촌을 지원하기 위해 여야 합의에 따라서 농어촌상생협력기금이 만들어졌다. 기업들의 자발적인 출연금을 통해 매년 1,000억원씩 10년 간 총 1조원을 조성하는 것을 목표로 내걸었다. 하지만, 2017년부터 2021년까지의 조성액은 1,720억원으로 목표액인 5,000억 원의 34%에 불과하다. 기업은 농업을 '상생'의 파트너보다는 '지원'의 대상으로 바라본다. 농업과 기업의 '상생'을 진정성을 가지고 고민하지 않았기 때문에 실질적인 상생협력사업이 발굴되지 않는 것이다. 농어촌상생협력기금은 마지못해 내는 '준조세'라는 인식에서 벗어나지 못하고 있다.

스마트폰 농부의 '소통'

수도권과 지방, 1차 산업과 소비자 간의 공감(共感)의 부재(不在)를 어떻게 극복할 것인가. 공감(共感)의 시작은 '소통'이다. 지리산자연밥상영농조합의 고영문 대표는 SNS에서 길을 찾았다. 고대표는 9만 명의 팔로워에게 지리산의 풍광을 전달한다. 2012년에 태풍 볼라벤으로 낙과 피해가 났을 때 , 고대표는 땅에 떨어진 과일을 촬영해서 블로그, 페이스북에 올렸다. 15kg 상자 220 박스가 팔려나갔다. 소비자와 함께 하는 농업이 이런 것인가, 눈을 뜨게 됐다.

친환경농산물을 재배해도 소비자들은 비싸다며 선뜻 지갑을 열지 않는다. 친환경의 '가치'를 알아보지 못하기 때문이다. 재배되는 '과정'을 모르기 때문에 거기에 담겨 있는 '가치'를 분별하기 어렵다. 고영문씨는 이 과정을 SNS에서 소비자와 공유함으로써 친환경 유기농산물의 '가치'를 전달했다. 농산물 재배과정과 지리산 이야기를 소비자에게 전달하면서 '스토리'가 생기고 그러면서 팔로워들의 마음에 '신뢰'가 싹텄다.

2013년에 창간된 일본의 '도호쿠 먹는 통신'(東北食べる通信)은 농부, 어부의 이야기를 엮은 정보지에 농수산물을 부록으로 넣어서 도시민들에게 택배로 배달한다. 생산자와 소비를 연결하는 새로운 유형이다. 다카하시 히로유키 편집장은 '도호쿠 먹는 통신'은 수퍼마켓의 진열대에 놓인 먹거리의 이면에 존재하는 생산자의 모습을 가시화했다고 말한다. 농어민의 인간 드라마를 취재해서 특집기사로 정리해 평소에는 보이지 않는 생산자를 '시각화'함으로써 생산물의

가치를 소비자에게 정당하게 평가받고 싶다는 바람이 있었다고 한다.[45] 이처럼 소비자와 생산자의 새로운 거래의 핵심은 '관계'다. 농산물 유통의 혁신으로 평가받는 로컬푸드가 추구했던 것은 '얼굴이 보이는 거래'였다. '익명 사회'가 훼손했던 '관계'의 가치를 복원하는 것이다.

'얼굴이 보이는 거래'에서 더 나아가면 지역공동체 농업(Community Supported Agriculture:CSA)으로 발전할 수 있다. CSA는 농산물의 소비자와 생산자가 농산물 생산에 따른 불안정성을 공유(共有) 해서 농업을 지켜가는 체계다. 로컬푸드의 경우, 유통단계에서 소비자와 생산자가 만나지만 CSA는 생산 기획 단계부터 양측의 협의가 이뤄진다. 소비자가 안정적인 생산을 뒷받침하는 것이다. 소비자가 안전한 농산물을 구입하기 위해서는 거기에 상응하는 '비용'을 지불해야 하고 제대로 된 먹거리를 소비하는 것이 농업, 환경, 농민을 지키는 것이라는 생태적, 공동체적 사고가 필요하다.

코로나 이후 농산어촌의 가치

코로나 펜데믹은 다양성, 환경, 생태, 공동체의 가치를 우리 사회의 윗자리에 올려놓아야 된다는 사회적 의제를 제시했다. 농산어촌의 가치도 재조명되고 있다. 우선, 팍팍한 주거여건, 치열한 경쟁에서 벗어난 인생 리셋(reset)의 대안 공간으로서의 존재다. 동시에 새로운 시대, 새로운 라이프스타일을 창출해내는 공간으로서의 '재발

---

45) 인구감소 사회는 위험하다는 착각, 著: 우치다 다쓰루, 228P.

견'이다. 인생의 시간축, 공간축이 지방으로 더 확대되고 지방을 염두에 둔 인생의 선택지 또한 넓어지게 된다.

협동조합 '이장'의 임경수씨는 저서, '이제 시골'에서 귀향을 위해서는 삶의 속도를 늦추는 다운시프트(down shift)가 필요하다고 말한다. 바쁜 일에 매달려 자신과 주변을 돌아보지 않는 삶에서 자신에게 충실하고 가족과 사회를 배려하는 삶으로 전환하는 것이라고 한다. 새로운 삶은 본능을 찾는 것에서 시작한다. '반농반X'(半農半X)의 X를 찾는 것으로 한번 시작하면 시간 가는 줄 모르고 하는 일, 누군가 쉬라고 해도 조금 더 마무리하고 싶은 생각이 드는 일, 몇 분이라도 빨리 시작하고 싶어서 종종걸음을 치게 만드는 일, 일하기 위한 어떤 공간의 문을 열 때 가슴이 뛰는 일, 그런 일을 찾아야 한다고 임경수씨는 말한다.

삶의 목적에 맞춰 인생의 주요 시점에 따라서 삶의 공간을 다 변화할 수 있는 유연 거주(柔軟居住)도 새로운 라이프 스타일로 주목받게 될 것이다. 근무, 의료, 교육, 쇼핑 등에 있어서 비대면이 급속하게 확산되면서 도심의 사무실로 모이는 형태의 일하는 방식에는 변화가 불가피하고 주거형태에도 영향을 줄 것이다. 야마모토 이치타(山本一太) 일본 군마현(群馬縣) 지사는 군마현에 살면서 필요한 경우에 도쿄로 출근하는 30-40대의 프로그래머, 엔지니어, 아티스트 등을 겨냥해서 이주 모델을 만들고 있다. 거주공간과 직업.사회공간이 분리되는 것이다.

여기에 지방으로 향하는 인구흐름을 만들어낼 수 있는 또 하나의 중요한 모멘텀(momentum)이 있다. 중앙대 마강래 교수는 1,700만 명 규모의 베이비부머 세대가 고향으로 갈 수 있도록 현실적인 여건을 마련해줘야 한다고 주장한다. 10%인 170만 명만 귀농, 귀촌해도 큰 효과가 나타난다고 예상한다. 마교수는 이들이 중소기업에 들어가 1주일에 2,3일 정도 일해서 100만 원 정도를 받고 자치단체나 문화센터에서 사회적 임금을 받는 방식을 제안한다.[46] 인구가 감소해서 소멸이 우려되는 시대일수록 지방은 외부와 적극적으로 상호보완적인 관계를 맺어야 한다.

궁극적으로 농산어촌에 필요한 것은 내가 이곳에서 살아 가고 있다는 것에 대한 자긍심을 회복하는 것이다. 농산어촌의 독자적인 가치를 발굴해서 공유하고 도시와 농산어촌이 '협력'을 통해 서로의 어려움을 해결하는 것이다. 니시야마 미마(西山未真) 우쓰노미야(宇都宮) 대학 농학부 교수는 "생산기술, 식물을 키우는 지혜, 농산촌에서 생활하는 기술을 포함한 라이프스타일에 관심이 모아지고 있다. 이런 농산촌의 가치를 공유하고 협동하는 경험은 농산촌에 자신과 자긍심을 회복시켜 줄 것이다."라고 주장한다.[47]

먹거리를 만들어 내고 자연을 지키며 조화롭게 살아가는 공간으로서 농산어촌은 도시가 갖지 못하고 해낼 수 없는 중요한 공적 기능을 맡고 있다. 도시생활의 스트레스, 사회적 고립을 해소하고 싶은 욕구를 충족할 수 있는 공간으로서 농촌의 역할은 중요하다. 니시

---

46) "지방소멸 바로잡을 시한 얼마 안 남았다." 경향신문 2022.9.9
47) 農村と都市を結ぶソーシャルビジネスによる農山村再生, 著: 니시야마 미마, 10P.

야마 교수는 농산촌에서 생활하는 것에 '자긍심'을 다시 찾고, 농산촌과 도시가 '협력'에 의해서 서로 어려움을 해결하는 것이 필요하며 이 과정을 소셜化해야 한다고 주장한다.

도시는 '지방'에서 인생의 재설계, 재도전 공간을 찾을 수 있고 지방은 도시와의 새로운 관계 맺기를 통해서 이제까지 없었던 새로운 가능성을 키울 수 있다. 수도권과 지방의 경계를 넘어 삶의 공간을 넓히고 새로운 삶의 모델을 찾아가는 파트너로서 도시와 지방의 새로운 관계설정이 필요하다. 지방과 연계한 인생의 비전을 품고 다양한 행복 모델을 만들어내는 것이 우리 사회와 정부가 힘써야 될 대전환, 지방 활성화의 핵심이다. 나만의 삶의 방식을 선택해서 살아가며 사회적 존재로서 존중받는 사회를 만드는 것은 앞으로 정치의 궁극적인 책무가 돼야 한다.

10장.
일본의
지방창생(地方創生)

인구목표, 실행계획 수립

　　일본의 인구는 2008년 1억 2,808만 명을 정점으로 계속 감소하고 있다. 국립사회보장인구문제연구소는 2048년에는 1억 명을 밑돌 것으로 전망했다. 2014년에 나온 이른바 '마스다 보고서'(지방소멸 보고서)는 일본 사회의 위기감을 증폭시켰다. 제2차 아베 내각은 '지방소멸'에 대한 대응 방안으로 이른바 '지방창생'(地方創生)을 국정과제로 내걸고 종합대책을 내놓았다. 2014년 11월에는 지방창생을 법적으로 뒷받침하는 '마을(まち), 사람(ひと), 일자리(しごと) 창생법'(이하 '지방창생법')을 제정했다. 또, 지방창생의 5개년 전략이라고 할 수 있는 '지방창생 종합계획'과 '지방창생 장기비전'을 내각에서 의결했다.

　　일본 정부는 2050년대에 실질 GDP 성장률을 1.5 - 2%로 유지하고 출생률을 1.8명까지 끌어올려 2060년에 1억 명 수준의 인구를 확보한다는 인구비전을 내놓았다. 일본 정부가 구체적인 인구 목표치를 제시한 것은 이번이 처음이다. 4개의 기본목표도 설정했다. ① 지방에 안정된 고용을 창출한다 ② 지방으로 새로운 인구 흐름을 만

든다 ③ 젊은 세대의 결혼.출산.육아의 희망을 충족시킨다 ④ 시대
에 맞는 지역만들기다. 지역에 일자리를 만들고 그 지역에 맞는 마을
만들기를 추진해서 수도권의 청년들이 지방에서 아이를 낳고 정착
할 수 있도록 하겠다는 구상이다.

단기적으로는 우선 2020년까지 도쿄권의 전입인구와 전출인구
의 균형(전입=전출)을 맞춘다는 방침이었다. 도쿄권(도쿄, 가나가와, 사이타
마, 치바)에는 일본 인구의 28%가 집중돼 있다. 2014년부터 도쿄권으로
들어온 인구가 도쿄권에서 나간 인구보다 해마다 10만 명 이상 많았
다. 심각한 전입(轉入)초과를 막기 위해 도쿄권으로 들어오는 인구를
줄이고 도쿄권에서 지방으로 이동하는 인구를 늘려서 전입=전출을
이루겠다는 것이 일본 정부의 단기 인구 비전이다. 수도권 직하(直下)
지진에 따른 대규모 인명 피해를 최소화하기 위해 인구를 지방으로
분산해야 된다는 생존 차원의 절박함도 일본 지방창생의 배경이다.

중앙정부의 인구비전, 지방창생종합계획에 맞춰 지방의 광역
지자체(都道府県)와 기초지자체(市町村)들도 각각 인구비전, 지방창생
종합계획을 수립했다. 중앙정부가 큰 그림을 그려놓고 그 그림에 맞
춰 지방자치단체도 계획을 세워서 전체 계획의 일관성을 유지하는
구조다. 아키타현(秋田県)의 오다테시(大館市)를 예로 들어본다. 현재,
오다테시의 인구는 67,871명으로 국립사회보장인구문제연구소는
2060년에는 35,237명으로 감소할 것으로 예측하고 있다. 하지만 오
다테시는 2060년도 인구를 45,598명 수준으로 유지한다는 인구비전
을 내걸고 구체적인 실행 계획을 담은 지방창생종합계획을 수립했
다. 즉, 인구감소는 피할 수 없지만 감소 폭을 조금이라도 줄이기 위

해 지자체마다 자체적으로 인구목표를 세우고 목표를 달성하기 위한 지방창생종합계획을 추진하는 것이 일본 지방창생 정책의 기본 골격이라고 할 수 있다.

지방소멸 극복을 '국정과제'로

저출산, 고령화, 인구감소, 수도권집중, 지방경제의 쇠퇴가 맞물리면서 '지방소멸'이라는 최악의 시나리오를 가져왔다. 일본 정부가 이 문제를 해결하는 국가적 과제의 명칭을 '지방창생'(地方創生) 이라고 규정한 데는 큰 의미가 있다. 2014년에 통과된 지방창생법에 따르면 총리(總理)가 마을(まち), 사람(ひと), 일자리(しごと) 창생본부장을 맡도록 돼있다. 정부가 '지방소멸'을 극복하는 것이 국가적 차원의 주요 과제라는 것을 인식하고 국민들에게 선언한 것이라고 볼 수 있다. .

2014년에 일본창성회의(日本創成會議)가 이른바 '지방소멸 보고서' 를 발표했을 때 일본에서는 여러 비판이 나왔다. '지방소멸' 이라는 것은 결국 '선택과 집중' 논리로 이어져 정부가 소멸지역으로 거론된 농산어촌에서 손을 떼게 하는 명분으로 이용될 수 있다는 주장이었다. 최종적으로는 도시에 자원을 집중해서 소규모 지자체를 통폐합할 것이라는 지적도 있었다. 마야마 타쓰시(真山達志) 도시샤(同志社) 대학 정책학부 교수는 아베 내각이 2015년 지방선거를 겨냥해 지방표를 공략하기 위한 정치적 목적에서 '지방소멸' 카드를 들고 나왔다고 비판하기도 했다.

그 때까지 지방에서는 인구증가를 목표로 한 중장기발전계획을 세워왔던 것이 사실이다. '뜬구름 잡는 식'의 인구 전망치라는 비판도 있었지만 인구를 늘리도록 하는 것이 자치단체의 역할 아니냐는 인식이 지배적이었다. '당위'에 집착해 인구가 감소한다는 '불편한 진실'을 애써 외면해왔던 것이다. 하지만, 일본창성회의의 '지방소멸 보고서'는 지자체들에게 엄혹한 현실을 인정할 수 밖에 없게 만들었다. 일본 전체적으로 30%의 인구가 감소하는 상황에서 자기 지역에서만 인구가 늘어날 것이라고 기대하는 것은 현실성이 떨어지는 일이었다.

'지방소멸'이라는 '충격요법'을 통해서 해당 지역의 주민들과 지자체는 지역의 존립을 위한 대비를 더 이상 늦출 수 없고 지금까지와는 다른 과감한 대책을 세워야 한다는 위기의식을 공유하게됐다. '어떻게든 되겠지' 또는 '중앙정부가 알아서 뭔가를 해주겠지' 하는 안일함으로는 더 이상 이 위기를 극복할 수 없다는 절박함도 갖게됐다. '지방소멸'의 문제가 사회적으로 널리 거론되고 있고 대학, 기업, 언론 등 여러 사회 주체가 이 문제와 관련해 다양한 논의를 하며 머리를 맞대고 있는 것도 긍정적으로 평가할 수 있다.

인력, 소프트웨어 지원 강화

지방창생에서는 일본 정부가 소프트웨어의 지원 방안에 힘을 쏟고 있는 것에 주목할 필요가 있다. 대표적으로 '지방창생 칼리지'(college: www.chihousousei-college.jp)는 지방창생사업을 추진하기 위해 필요한 실무적인 지식을 제공하는 e-learning 강좌이다. 자원발굴, 창업, 6차산업, 지도자육성, 빈집활용, 사업성 평가, 회계, 소셜 비즈니스 등에 걸쳐 180개 강좌를 개설했다. 지금까지 3만 명이 넘게 수

강해서 지역활성화의 지식을 습득했다.

'지방창생인재지원제도'는 지방자치단체들이 지방창생종합계획을 수립할 때 겪는 현실적인 어려움을 해소하기 위해 2015년에 도입됐다. '일을 하고 싶어도 지방에는 기획 능력을 갖춘 인재가 없습니다' 라는 지자체의 고충에 대해서 중앙정부가 고급인재를 파견해 지방자치단체를 도와주는 방식이다. 파견된 인재는 원칙적으로 2년 동안 상근 또는 비상근의 형태로 해당 지자체에서 근무하며 지방창생종합계획을 실행할 수 있도록 지원하는 업무를 맡는다. 2021년의 경우, 34개 시정촌(市町村)에 국가공무원, 3개 정(町)에 대학연구자, 70개 시정촌(市町村)에 민간분야 인재가 파견됐다.

지금까지 289개 시정촌에 국가 공무원, 교수, 연구원, 기업인 등이 파견돼 해당 지역 단체장의 보좌역으로 지방창생을 지원했다. 그러나 민간 전문가를 초빙해서 모든 것을 맡기는 방식이어서는 효과를 보기 어렵다. 이 사람들을 어떻게 전략적으로 활용할지에 대해서 먼저 해당 자치단체가 정교하게 계획을 세워야 한다. '우리는 아무것도 모르니 당신이 알아서 처음부터 다 해주세요' 와 같은 맹목적인 접근으로는 성과를 기대하기 어렵다. 먼저 그 지역이 내발적인 역량과 주체적인 의지를 가지고 부족한 부분을 보완한다는 사고방식으로 활용해야 제도의 효과를 극대화할 수 있다.

현실성 떨어지는 인구비전

지방창생 1차년도 사업의 성패를 가늠할 수 있는 기준이 도쿄권의 인구 이동이다. 일본 정부는 연간 10만 명 규모의 도쿄권 전입 초과 인구를 2020년에 0으로 만들겠다는 단기 목표를 발표했다. 그러나 2020년에도 여전히 도쿄권의 전입은 전출보다 98,005명이 더 많았다. 여성이 56,000여 명, 남성이 42,000여 명이다. 여성이 14,000여 명 많다는 것에도 주목할 필요가 있다.

지방의 인구감소를 막기 위해서는 아이를 낳아서 키우는 여성들이 어떻게든 지방에 정착할 수 있도록 해야한다. 그러나 남성보다 14,000여 명이나 더 많은 여성이 지방을 떠나 도쿄 수도권으로 갔다는 것은 지방창생정책의 효과에 의문을 던지게 만드는 근거가 된다. 그나마, 전입초과가 10만 명 아래로 떨어진 것은 코로나의 영향으로 해석된다.

근본적으로 일본의 지방창생에서는 수도권(1都3県: 도쿄, 가나가와, 사이타마, 치바)과 나머지 지방자치단체의 이해관계가 충돌하는 모순이 발생하고 있다. 지방은 수도권 인구를 유치하기 위해 안간힘을 쓰지만 수도권의 자치단체들은 자기 지역의 인구가 감소하거나 빠져나가는 것을 원하지 않는다. 인구를 움켜쥐려는 수도권의 힘과 인구를 끌어오려는 지방의 힘이 서로 맞서는 상황이다. 수도권과 지방이 정책의 엇박자를 내는 상황에서 일본의 국가적 과제, 지방 창생이 집중력 있게 추진되기는 어렵다.

또, 도쿄권의 인구 목표와 출생률 목표는 지방자치단체에게 잘못된 신호를 보냈다. 일본 정부가 출생률을 1.8명까지 끌어올리고 도쿄권의 전입 초과를 0으로 하겠다고 발표하자 많은 자치단체들이 이것을 전제로 자기 지역의 지방 인구비전을 책정한 것이다. 그러나 일본 정부의 목표와는 다르게 도쿄에서 지방으로 유입되는 인구보다는 지방에서 도쿄권으로 빠져나가는 인구가 여전히 많고 출생률이라는 것은 각 지역의 가임여성 수에 따라 다를 수밖에 없다. 따라서 각 자치단체의 지방인구비전이 중앙정부의 낙관적인 인구 시나리오에 토대를 두고 수립돼 현실성이 떨어진다는 비판이 제기되고 있다.[48]

과거 방식 '답습', 내발성 실종

지방창생의 추진 방식이 과거의 틀을 그대로 답습했다는 비판도 받고 있다. 코이소 슈우지(小磯 修二), 전 홋카이도대학 특임 교수의 조사에 따르면 홋카이도(北海道) 전체 시정촌의 63.4%가 인구비전 또는 지방창생계획의 수립을 외부의 컨설턴트에게 맡긴 것으로 드러났다. 더구나 지방창생계획의 대부분은 일본 정부가 지방창생정책을 시작하기 전에 이미 해당 자치단체들이 추진해 왔던 것들이다.[49]

인구비전, 지방창생계획을 수립하기 위해서는 본인들이 살아가고 후세에게 물려줄 고향의 미래를 어떤 모습으로 만들어갈 것인지 그 지역 주민들이 머리를 맞대고 숙의(熟議)해야 된다. 시간이 걸려도 지역의 문제를 지역의 구성원들이 고민하는 과정에서 지역에 맞는 아이디어가 나오고 지역에 대한 애착, 공동체의 소속감 등이 싹

---

48)　キーワードで読み解く 地方創生, みずほ 종합연구소, 32P.
49)　地域創生を越えて, 著: 코이소 슈우지, 8P.

트게 된다. 하지만 중앙정부가 시한을 정해놓고 의무적으로 인구비전, 지방창생계획을 수립하도록 요구하게 되면 본질이 흐려진다. 더구나 미래 청사진을 용역업체에게 맡기는 것은 정부 보조금에 기대서 실패한 마을만들기의 전철을 밟게될 우려를 안고 있다.

일본 정부는 지방창생종합계획이 제대로 실행되는지 평가할 수 있도록 핵심성과지표(Key Performance Indicator:KPI)를 도입했다. 지방자치단체들이 지방창생계획을 수립할 때 각각의 사업에 KPI를 적용해서 사업의 이행상태를 검증해서 개선하는 구조(Pland Do Check Action: PDCA)를 구축해놓은 것이다.

그러나, 현실적으로 KPI와 사업의 이행상태를 연결하는 데 무리가 따르는 경우가 적지 않다. 예를 들어, '귀농·귀촌자 유치'라는 사업목표를 정하면 이주 박람회 개최 건수, 또는 이주 박람회 참가 횟수, 상담 건수, 등록자 수 등을 KPI로 정하게 된다. 이런 KPI 수치가 증가하는 것이 반드시 귀농·귀촌자 유치 증가로 이어진다고 단정하기는 어렵다. 가능성이 커질 수는 있다. 하지만, 박람회 참가나 상담 건수보다는 근본적으로 그 지역의 매력, 정주여건, 기업유치(일자리 창출)와 같은 요인이 더 큰 변수로 작용하게 된다.

그 지역의 매력을 키우거나 정주여건을 개선하고 기업유치에서 가시적인 성과를 내는 데는 장기적인 노력과 시간이 소요된다. 반면, 이주박람회를 개최하거나 참가하는 것은 예산만 뒷받침되면 얼마든지 할 수 있다. 이주 상담 건수, 등록자 수를 늘리는 것도 단기적인 노력에 따라 결과물을 낼 수 있다. 따라서, 이같은 KPI는 장기적인 관점의 논의를 가로막게 된다. 달성하기 쉬운 수치목표가 난립하고, 눈앞의 수치에 쫓겨 단기적인 시점의 논의로 연결되는 악순환을 가져온다.

인구증가, 출산율, 결혼희망수치를 KPI로 관리할 수 있냐는 근본적인 문제제기도 있다. 결국, KPI에서 높은 점수를 얻는 것이 사업의 목표로 변질될 수 있다. 처음부터 목표치를 낮게 설정하는 경우도 나오게 된다. 장기적으로 전국 자치단체 사업의 평준화, 특색. 개성의 상실로 이어질 수 있다.

근본적으로는 지방창생의 밑그림이 중앙집권적인 발상에서 나왔다고 평가할 수 있다. 중앙정부의 틀을 뛰어넘는 지자체의 창의적인 발상, 실험적인 시도가 이뤄져야 되지만 중앙정부가 짜놓은 예산, 시간, 사업평가 방식 등에 얽매이게 된다. 지역의 자발성(自發性), 창의성, 주체성을 살리지 못하고 정부의 틀 안에 가둬버린 것이다. 중앙정부의 그림에 맞춰 일사분란하게 예산을 세워 배분하고 집행하고 평가할 수 있는 관리상의 이점 때문에 중앙집권적인 탑다운(Top-down) 방식의 사업이 진행됐다고 볼 수 있다.

자치단체들이 개별적으로 지방창생종합계획을 수립하는 방식에도 한계가 있다. 1만 명 이하의 자치단체들까지 독자적으로 종합계획을 세워 지역의 고용, 소득정책을 추진하는 것이 과연 효과적이냐는 비판이다. 일본 정부는 자치단체 간의 연계를 추진하고 있지만 예산 편성, 의회 심의 등을 고려하면 거의 개별 자치단체 차원에서 추진되고 있는 실정이다. 자치단체 간의 사업의 중복이 불가피하고 사업의 규모, 타당성 등을 확보하기도 어렵게 된다.

11장.
일본 지방 창생(地方創生)의
활성화 사례

쇼와노마치(昭和の町)

벼랑끝 시골 상점가의 '부활'

지역활성화에서 가장 성과를 내기 어려운 분야가 전통시장이다. 영세 상인들의 삶의 터전이며 지역 경제의 실핏줄 역할을 해왔지만 대규모 유통매장에 밀리고 이제는 온라인(on line) 시장 등에 잠식당하면서 설 자리가 갈수록 좁아지고 있다. 일본에서도 가게가 문을 닫은 이른바 '셔터거리'라는 말이 나올 정도로 전통시장, 상점가의 침체는 심각하다.

그런데 전통시장 활성화의 대표적인 성공사례가 변방의 작은 지방 도시에서 나오고 있다. 일본 오이타현(大分県)의 분고타카다시(豊後高田市) 는 인구가 2만 명이 조금 넘는 소도시다. 이곳에 있는 전통상점가 '쇼와노마치'(昭和の町) 는 전통상점가 재생(再生)을 말할 때 빠지지 않고 등장한다. 프랜차이즈 한 곳 없는 100% 로컬 상점가다. 이 상점가의 정체성은 이름에서 잘 드러난다.

'쇼와'(昭和)는 1926년부터 1989년까지를 지칭하는 일본의 연호

다. 쇼와는 일본의 영욕이 교차하는 시대였다. 일본의 제국주의 침략, 태평양 전쟁 패전(敗戰) 등의 암울했던 현대사가 있었고 동시에 1960~70년대의 고도(高度) 성장을 맛보기도 했던 시기다. 전쟁을 기억하는 세대가 줄어들면서 '쇼와'는 고도 성장의 시대로 기억되고 있다. 상점가 '쇼와노마치'(昭和の町)라는 이름이 만들어진 배경이다.

일본에는 '쇼와'를 테마로 한 공간이 많이 있다. 그런데 도쿄에서 비행기로 1시간 30분 가까이 떨어진 조그만 소도시의 전통상점가가 유독 주목을 받고 있다. 인구가 22,000여 명이면 우리나라에서는 군(郡) 가운데서도 가장 규모가 작은 군에 속한다. 어느 전통시장에나 있는 아케이드, 깔끔하게 포장된 보도조차 볼 수 없다. 이 시골 상점가의 매력은 무엇일까. 그 매력을 찾아가는 키워드는 '3가지의 재생'(再生)에 있다.

건축, 상품, 상인

첫 번째, '건축재생'이다. 이곳의 상점가에는 모두 130여 개의 상점 건물이 있다. 건물의 70%는 쇼와시대인 1950년대 이전에 지어졌다. 이 건물을 최대한 원래 모습대로 유지해서 쇼와시대의 거리를 만들어냈다. 분고타카다시(豊後高田市)와 상가연합회는 일본의 근현대 생활상을 보여주는 이 건축물이 관광객들에게는 큰 매력이 될 것이라고 판단한 것이다.

당시의 모습을 유지하기 위해서 오이타현(大分県), 분고타카다시가 개축(改築), 수리비용의 3분의 2를 지원했다. 가게에 설치돼있던 알루미늄 새시를 철거했고 원래 모습대로 가게를 복원했다. 그 시대의 건물에서 상인들이 그 시대의 물건을 팔고 있다. 쇼와시대가 시간을 거슬러 이 조그만 시골마을에 '실존'(實存)하고 있는 것이다.

점포 앞에는 가게의 창업 연도, 건물의 건축연도, 가게의 자랑거리를 설명하는 안내문이 설치돼 있다.

두 번째는 '상품재생'(一店 一品, 一店一寶)이다. 각 상점마다 대표 상품 또는 자랑 거리를 발굴해서 홍보하는 것이다. 점포마다 창업 시기, 가게 건물의 건립 연도, 가게의 대표상품을 알리는 안내판을 가게 앞에 설치해 놓았다. "이 과자틀이 가게를 시작한 창업주가 만들어서 실제로 과자를 만드는데 사용한 것입니다." 1965년에 창업한 빵가게 '몽블랑'의 히가시 유리씨의 설명이다. 창업주는 히가시 유리씨의 부친이다. 부친이 만들어 썼던 과자틀은 이 가게 식구들에게는 보물 같은 존재일 것이다.

'코레나가 수예점'을 운영하는 65살 코레나가 카요코씨는 1940년대 생산된 미싱을 가게의 보물이라고 소개한다. 카요코씨는 2대째 수예점을 운영하며 지금도 그 미싱을 사용하고 있다. 이 미싱이 없으면 수선작업을 하기 어렵다고 한다. 미싱을 보관만 하고 있는 것이 아니라 실제로 작업에 사용하기 때문에 이 가게의 역사성을 피부로 느낄 수 있다.

이처럼 쇼와노마치에서는 대부분 그 가게에 전해내려오는 것을 자랑거리로 정해서 홍보하고 있다. 자연스럽게 가게의 대표 상품 또는 자랑거리를 통해서 그 가게만의 스토리텔링(storytelling)

전통상점가, '쇼와노마치'(昭和の町)는 쇼와시대의 건축, 상품, 접객 방법 등을 재현해서 독자적인 '가치'를 창출했다.

이 만들어진다. 고객들은 체인점, 프랜차이즈에서는 절대로 발견할 수 없는 이곳만의 상품을 만날 수 있다. 여기서 보내는 시간은 고객들에게는 이곳만의 정말 특별한 공간체험이 된다. 쇼와노마치(昭和の町)의 상인들은 '쇼와'(昭和)라는 시대의 추억을 판매하고 관광객들은 상품을 구매하는 것이 아니라 '쇼와'(昭和)를 느끼고 소비하게 되는 것이다.

세 번째는 '상인재생' 이다. 고객을 마음으로 대하며 단골 고객을 만든다. 구체적으로는 상품에 대해서 자세하게 설명을 해서 고객과의 친밀감을 다져나가는 방식이다. 어느 점포에 들어가서 요청을 해도 상인들은 최선을 다해서 친절하게 설명해 준다. 곤충표본 가게를 운영하는 바바 요우코씨는 "이 주사기는 쇼와 시대에 곤충채집에 사용된 주사기입니다. 어디에서도 팔지 않습니다." 라며 열심히 상품을 설명한다.

단순히 구경만 할 것 같은 고객에게도 정성껏 설명을 해준다.

자기의 상품, 가게에 자신이 없다면 결코 가질 수 없는 당당함과 진심을 가지고 고객을 대한다. 고객은 '대접을 받았다 '는 느낌을 얻게 된다. 비대면 온라인 구매가 대세가 되는 시대에서 얼굴을 맞대고 친절한 설명을 들어가며 물건을 구매하는 것은 오랫동안 기억에 남을 것이다.

개, 고양이만 다니던 상점가

지난 90년대, 쇼와노마치는 지금과는 전혀 다른 모습이었다. 대형매장이 등장하면서 손님은 줄어들고 가게를 이어나갈 후계자도 나오지 않았다. 전체 가게의 3분의 2가 문을 닫을 정도로 큰 어려움을 겪었다. 그때, 더 이상 이대로는 안되겠다며 상공회의소를 중심으로 자구책을 찾아보자는 움직임이 나타났다. 상공회의소, 상인들이 손을 잡고 분고타카다 상업 거리만들기(まちづくり) 위원회를 조직했다. 그 첫 걸음으로 1996년, 이곳의 자원, 역사를 파악하는 실태 조사를 실시했다. 그 결과, 낡고 불편하지만 이 상점가 건물에는 쇼와 시대의 흔적이 많이 남아있어서 큰 가치가 있다는 점을 깨닫게 됐다.

이를 계기로 2001년 상점가의 자원을 활용해서 '쇼와의 거리'를 만들어보자는 상가활성화 작업이 시작됐다. 분고타카다시(豊後高田市) 관광진흥추진실의 코이케 유우스케씨는 처음 이 상점가의 활성화 전략이 논의돼던 당시를 이렇게 설명한다. "1950년대 상점가 풍경을 다시 살려서 당시의 상점가를 보여주자고 한 것이 당시 상인들이 모여 회의한 결과였습니다."

분고타카다시(豊後高田市)는 2002년에는 쇼와시대의 생활상을 보여주는 테마파크(昭和ロマン蔵)를 상점가 입구에 건립했다. 원래는 쌀창고로 사용됐던 건물을 리모델링해서 장난감 박물관, 군것질거리 가게, 상점가, 교실 등을 다채롭게 꾸며놓았다. 또, 10만 점이 넘는 전시물을 소장하고 있다. 쇼와노마치 상점가를 방문한 관광객들은 자연스럽게 이 테마파크로 연결된다.

1950-60년대 상점가에 테마파크까지 조성돼 고객들은 지나간 세월에 대한 향수를 제대로 느낄 수 있게 됐다. 이런 스토리가 알려지면서 소설 '나미야 잡화점의 기적'의 영화 촬영이 이곳에서 이뤄지기도 했다. 도쿄나 오사카의 상점가에서 볼 수 없는 이곳만의 확실한 콘텐츠를 지역의 자원으로 갖춰놓은 것이다.

"이곳은 새롭게 만든 것이 아닙니다. 원래 이곳에 있던 것을 활용해서 시장의 발전으로 연결시켜 좋은 평가를 받았다고 생각합니다." 쇼와노마치 전시관에서 근무하는 이시이 쇼우코씨는 인기의 배경을 설명해준다. 쇼와노마치(昭和の町)를 방문하는 관광객은 2001년 25,712명에서 2016년에는 345,718명으로 늘었고 거의 40만 명에 육박하고 있다. 20년 전, 상점 대부분이 문을 닫아 존립이 위태롭던 상점가가 전국적인 명소로 탈바꿈했다.

상점으로서 '존재감' 관건

전통상점가, 쇼와노마치(昭和の町)가 주는 교훈은 첫째, 점포 구성에 개성이 있어야 한다는 것이다. 다른 데서는 찾아보기 어려운 그

곳만의 색깔을 그 곳의 자원을 활용해서 진정성 있게 제대로 보여줘야 된다. 성공했다는 평가를 받는 마을, 상점가를 둘러보고 그대로 따라 하면 되는가? 아니다. 그 지역만의 스토리가 있어야 된다. 흉내를 내는 것으로는 '감동'을 만들어내기 어렵다. 두 번째, 시장(市場)에는 물건을 구매하는 공간으로서 본연의 존재감이 있어야 한다. 유명 가수가 한 두 번 다녀간다고 해서 그 시장이 살아날 수는 없다. 시장 자체가 가지고 있는 원천적인 힘과 매력을 키워야 된다.

우리 전통상점가, 전통시장의 활성화는 아케이드를 설치하고 바닥을 포장하고 주차장을 조성하는 사업이 대부분이다. 이런 노력은 필요조건일 수는 있지만 충분조건은 아니다. 쇼와노마치의 하드웨어 사업은 기존의 오래된 건물을 손봐서 유지하는게 사실상 전부였다. 아케이드도 없고 자연석으로 조성한 바닥포장도 없다. 쇼와노마치가 공을 들인 것은 고객들이 진짜로 이곳에 와야 될 이유를 찾아내서 일관된 방향으로 꾸준히 노력한 것이다.

'없는 것이 없는 섬'

'없는 것이 없다'(ないものはない). 시마네현(島根県) 마쓰에시(松江市)에서 고속훼리로 2시간 거리에 있는 외딴 섬, 나카노시마(中ノ島)를 방문하는 외부인들이 항구의 터미널에서 가장 먼저 보게되는 안내판이다. 이 섬에는 편의점도 없고 옷가게나 극장도 없다. 그런데도 포스터에는 '없는 것이 없다'라고 적혀 있다. 공무원들의 명함에도 같은 문구가 들어있다. 이곳 섬 사람들의 자신감의 표현이다.

"이 섬에는 도시에 있는 편의점 같은 것은 없지만 굳이 그런 편리함이 없어도 된다는 의미, 또 하나는 사람이 살아가는데 중요한 것은 모두 이 섬에 있다는 두가지의 의미를 담고있습니다" 이 섬의 자치단체인 아마쵸(海士町)의 오에 카즈히코(大江和彦) 정장(町長)의 설명이다. 이런 자신감이 하루 아침에 나온 것은 아니다. 나카노시마는 청년들이 일자리를 찾아서 계속 육지로 떠나는 전형적인 낙도에 불과했다. 인구는 계속 줄어들어 활기는 사라지고 '희망'은 보이지 않았다.

2002년에 취임한 야마우치 미치오(山内道雄) 전 아마쵸 정장(町長)이 제일 먼저 착수한 것은 공무원들의 급여 삭감이었다. 먼저, 본인의 월급부터 절반으로 줄였다. "일은 편하고 급여는 섬에서 가장 많고 밤에는 공짜로 술 마신다는 것이 공무원에 대한 주민들의 인식이었습니다." 야마우치 전 町長의 회고이다.

행정(行政) 변하니 주민도 바뀌더라

단체장이 임금을 줄이자 지방의원들도 40%를 삭감하겠다며 가세했다. 공무원 노조도 급여를 22% 줄이겠다며 동참을 선언했다. 하지만 주민들의 반응은 크게 달라지지 않았다. 아마쵸에서 여관을 운영하는 신치 요우쿄씨는 "바보같은 짓입니다. 자기 월급도 삭감하고 가족이 힘들겠다고 생각했습니다."라고 말한다.

그래도 자치단체는 묵묵히 걸어갔다. 공무원들의 임금을 삭감해서 모은 돈 2억 엔을 어린이 보육사업에 사용했다. 이런 노력이 계속되자 생각지도 못했던 일이 벌어졌다. 아마쵸의 민간 위원회 위원들이 찾아와 회의 일당을 절반만 받겠다고 한 것이다. 어떤 노인들은 공무원들이 열심히 하니 본인들도 버스 요금을 전액 다 내겠다며 요금을 올려달라는 신청을 하기까지 했다. 야마우치 전 정장은 "주민들이 저 공무원들은 지금까지의 공무원과는 다르다고 말하더군요. 공무원을 바라보는 주민들의 의식이 변했다는 것을 느꼈습니다"라고 말한다.

서서히 섬의 분위기가 바뀌기 시작했다. 그 힘을 바탕으로 미니 자치단체인 아마쵸는 강력한 지역활성화 정책을 추진해나갔다. 2003년에는 당당하게 자치단체 통합을 거부할 정도로 자신감을 얻었다. 지난 10여 년간, 아마쵸는 지역자원을 발굴해 일본에서 가장 주목받는 지역활성화 모델로 평가받고 있다. 중앙정부에 기대지 않고 독자적인 전략에 따라 지역의 자원을 부가가치로 연결시켰다는 점, 그리고, 공무원들의 급여삭감을 통해 위기의식을 공유하며 소극적인 주민들의 의식을 바꿔놓았다는 점을 일본사회는 주목하고 있다.

잠자는 자원이 '소득원'으로

나카노시마에는 수산물이 풍부했지만 육지의 어부들보다 수입이 적었다. 육지까지 가려면 2시간이나 걸리기 때문에 경매장에 도착하면 신선도가 떨어져서 제값을 받지 못했다. 페리가 운반하기 때문에 물류비용도 만만치 않았다. 고기를 잡아도 수입이 변변치 않으니 어업 후계자는 갈수록 줄어들었다.

이 문제를 해결하기 위해 2005년 자치단체 아마쵸는 ㈜후루사토 아마쵸를 설립했다. 지역의 한계를 역발상으로 극복한 첫 번째 사례이다. 열악한 재정형편에 2억 4천만 엔을 투입해 수산물의 세포를 파괴하지 않고 동결시키는 장비(Cells Alive System)를 도입했다. 신선도가 올라갔고 시장에서 나카노시마 수산물에 대한 대접이 달라졌다.

아마쵸가 출자한 이 회사를 통해 20개가 넘는 일자리가 만들어졌다. 더구나 해마다 흑자를 내고 있고 어민들의 수취가격도 당연히 증가했다. 오쿠다 카즈모리(奥田和司), ㈜ 후루사토 아마쵸 사장 보좌는 "어획량이 많을 때는 시장가격이 떨어지게되죠. 그럴 때, 일정한 가격으로 수매해주기 때문에 어민들의 수취가격이 확실하게 증가하게됩니다." 라고 설명한다.

이 섬에서는 산비탈에서 한가롭게 풀을 뜯어먹는 소를 볼 수 있다. 방목해서 키운 소는 질병에도 강하고 육질도 뛰어났다. 하지만 송아지 때 육지의 외지인들에게 넘어가 고베규(神戸牛), 마쓰자카규(松阪牛)로 팔려나갔다. 훌륭한 자원이 있었지만 부가가치를 키울 능력과 의지가 이 섬에는 없었다.

송아지 때 육지로 팔려나가던 소를 섬에서 비육해서 섬의 이름을 딴 '오키규(牛)' 라는 브랜드로 도쿄에 출하하고 있다.

이 소가 섬의 고급 브랜드 소로 탈바꿈한 건 2004년. 섬 전체가 바닷바람 농업특구로 지정 받은 것을 계기로 본격적인 축산업이 시작됐다. 1년에 200마리가 넘는 소가 이 섬의 이름을 딴 '오키규'(隠岐牛)라는 브랜드로 도쿄에 출하되고 있다. 타나까 히사오 농장 대표는 " 환경입니다. 주위가 바다이고 바다의 미네랄을 풍부하게 함유한 소라는 점, 바로 이점이 경쟁력, 브랜드 파워가 됐습니다."라고 말한다.

규모가 크지 않지만 비육우 산업이라는 신산업이 만들어진 것이고 그 부가가치가 고스란히 이 섬에 떨어졌다. 지역의 소, 지역 환경, 지역의 사육방식이 모두 부가가치의 훌륭한 자원이 됐다. 호보 타케히코(保母武彦), 시마네현립대학 명예교수는 "지역의 자원은 원물 자체로는 안됩니다. 지역의 기술이 있어야 합니다. 이 섬에서는 옛날부터 산비탈에서 방목을 해왔습니다. 이렇게 해서 마쓰자카규(松阪牛), 고베규(神戸牛)를 제치고 높은 가격을 받게됐는데 이런 기술도 지역의 자원입니다."라고 분석한다.

"발 밑을 바라보는 습관 없어"

아마쵸의 지역활성화를 이끌었던 야마우치 미치오 前 정장은 산업이 없으면 즉, 돈벌이가 되지 않으면 어떤 것도 할 수 없기 때문에 산업진흥전략을 공격적으로 추진했다고 한다. 이런 신념에 따라, 고기 대신 소라를 집어 넣은 소라 카레를 개발했고, 굴 양식에도 성공해 시마네현의 대표 상품으로 성장시켰다. 또, 이 섬에 전해내려오는 소금굽기의 전통을 살려 소금만들기 사업도 추진하고 있다.

"지금까지 자치단체장의 일은 중앙정부에서 보조금을 따오는 것이 유일한 역할이었습니다. 자기 발밑을 바라보는 습관이 없었습니다. '국비를 지원해주세요. 우리 섬은 너무 힘듭니다' 이런 것만 해 왔습니다, " 섬 전체의 부가가치화를 목표로 내걸었던 야마우치 前 정장은 기존의 행정을 강도 높게 비판했다. 정부만 바라보고 있어서는 안된다고 판단했다. 지역에 밀착해서 지역이 가지고 있는 자원을 어떻게 활용할 것인지를 철저하게 파고드는 데서 새로운 가능성이 나온다고 굳게 믿었다.

아마쵸는 지금까지 이같은 산업진흥정책을 추진하면서 외부의 컨설팅 업체에게 용역을 맡기지 않았다. 철저하게 공무원과 주민들이 머리를 맞대고 계획을 세웠다. 오에 카즈히코, 아마쵸 정장(町長)은 "컨설턴트는 계획만 세우고 떠나버리는 경우를 일본 어디서나 볼 수 있습니다. 이런 모습을 보면서 역시 컨설턴트가 마을만들기를 하는 것이 아니고 여기 살고 있는 우리 자신이 마을만들기를 한다는 기본적인 자세가 중요하다고 판단해 컨설턴트에 사업계획을 맡기지 않습니다" 라고 말한다.

아마쵸(海土町)의 '부활'을 이끌어온 야마우치 미치오(山内道雄)씨는 16년간 아마쵸의 정장(町長)을 역임하며 지역 자원을 바탕으로 한 강력한 소득정책을 추진했다(왼쪽 필자, 오른쪽 야마우치 미치오)

야마우치 前 정장은 16년 동안 근무하면서 퇴임할 때까지 본인의 월급을 30% 반납했다. 지역 활성화의 첫 걸음은 주민들의 마음을 열게하는 것이라고 판단했기 때문이다. 위기의식과 가능성을 주민과 행정이 공유(共有) 해야 제대로 힘을 쓸 수 있다고 생각했다. '몸을 깎지 않는 개혁은 지지받을 수 없다'는 신념을 가지고 있던 야마우치 前 정장은 먼저 자치단체의 진정성을 주민들에게 보여주는 것이 필요했다고 털어놓는다. 단체장은 몸으로 보여주고 공무원들은 직접 발로 뛰며 조그만 섬 마을의 미래 비전을 만들어 놓고 주민들에게 다가갔다.

전통시장의 실내포장마차

　시코쿠(四国) 고치시(高知市)에는 지역 주민과 관광객들에게 명물로 인정받는 곳이 있다. 지난 1998년 고치시 원도심의 전통시장에 문을 연 히로메 시장이다. 히로메 시장은 일반 시장이 아니라 실내 포장마차를 가리킨다. 관광명소인 고치성(高知城), 고치역에서 가까워서 관광객들이 꼭 들르는 핫 플레이스다.

　이 히로메시장에는 70개의 점포가 입주해있다. 특징은 공간배치에 있다. 고객들은 점포에 들어가지 않고 시장 한가운데 마련된 테이블에서 주문한 음식을 즐긴다. 점포는 조리공간만 갖추고 있고 주문이 들어온 음식을 조리해서 내놓을뿐이다. 일종의 푸드코드와 같은 공간배치다. 일반적으로 푸드코트는 쇼핑몰이나 고속도로 휴게소 식당에서 볼 수 있지만 술을 마시는 실내 포장마차가 푸드코트 방식으로 운영되는 것이다

효율적 구조, 독특한 공간체험

　점포를 운영하는 세입자 입장에서는 최소한의 조리공간만 사용하기 때문에 세 부담을 줄일 수 있다. 원래, 점포의 고객 테이블은 주로 점심, 저녁 때만 이용되고 나머지 대부분의 시간에는 놀리는게 일반적이다. 그래서 테이블을 점포마다 운영하는 것보다는 한 곳에 모아놓는 쪽이 공간을 훨씬 효율적으로 이용할 수 있다고 판단한 것이다. 히로메 시장을 운영하는 업체 입장에서는 점포당 입주면적을 줄임으로써 더 많은 점포를 입주시켜 다양한 음식을 고객들에게 제

공할 수 있는 장점을 생각했다. 점포가 많을수록 고객들은 여러 점포에서 동시에 술, 안주를 주문해서 한곳에서 즐길 수 있다.

광장처럼 히로메시장의 중앙에 고객들이 한데 모여서 술을 마시기 때문에 언제나 활기를 느낄 수 있다. 떠들썩한 분위기는 이곳에서만 느낄 수 있는 최고의 매력이다. 왁자지껄한 분위기속에서 여러 음식을 주문해서 술을 마시는 것은 이곳만의 독특한 공간체험이 아닐 수 없다. 히로메시장, 세입자, 고객 모두에게 플러스가 되는 운영 방식이다. 더구나, 가쓰오 타타키(가다랑어를 겉만 살짝 구운 회) 같은 토속음식만 판매해서 관광객들에게 지역의 명물로 인정받고 있다. '히로메'는 널리 알리고 보급한다는 뜻이다. 히로메시장의 기본 운영 원칙은 1. 고치(高知)의 식문화를 알린다. 2. 고치의 인정(人情)을 알린다. 3. 고치의 예술, 문화를 알린다이다.

이곳에서는 사용한 접시를 수거, 세척, 제공하는 것을 전담 업체에 맡기는 방식을 도입했다. 손님이 나가면 곧바로 전담 업체 직원이 테이블을 치우고 식기를 수거해간다. 개별 점포가 하나하나 자기 그릇을 챙기기는 어려울테니 그릇 전담 업체를 맡긴 것은 대단히 현실적인 결정이다. 고치시(高知市) 상공회의소 지역진흥과 아베 히로유키씨는 "여러 가게에서 음식을 주문해서 함께 먹을 수 있고 전담 업체가 식기를 수거, 세척하는 것은 다른 곳에는 없는 방식입니다."라고 설명한다.

민간의 사업수완 시장 활성화로

히로메 시장 건물의 2층은 주차장으로 조성돼있다. 원래 1층에

주차장을 지으려던 부지 소유
자 측에 전통시장의 상인들이
실내 포장마차를 제안해 주차
장을 2층으로 올렸다. 당시 이
전통상점가는 고객 감소로 매
출이 줄어 새로운 돌파구가 필
요한 시점이었다. 상인들은 히
로메시장같은 실내포장마차라

독특한 공간구조, 푸드코드 방식 등을 도입한 '히
로메시장'은 고치시(高知市)를 대표하는 관광명
소로 사랑받고 있다.

면 도전해볼법 하다며 사업을 밀어붙였다. 사업기획부터 10개월 만
에 공사까지 끝내고 시장을 오픈할 수 있었다. 정부나 지자체가 사업
을 추진했다면 도저히 생각하기 힘든 속도감이다.

전통시장을 활성화시키려면 전통시장 상인이 중심이 돼야 한
다. 자기들이 운영해서 돈을 벌 시설을 짓는 것이기 때문에 그 사람
들의 입맛에 맞아야 한다. 일반적으로 정부 보조금으로 짓는 건물은
들어가서 거주하거나 이용할 사람은 배제된채 설계가 이뤄진다. 당
장 필요하지 않거나 너무 넓거나 너무 좁거나, 동선(動線)이 맞지 않
는 시공이 이뤄지기 일쑤다. 돈을 써야 될 곳에 안쓰고 안써도 될 곳
에 헛돈을 쓰게 된다.

히로메시장의 성공비결은 돈을 벌어본 경험이 있는 상인들의
현실 감각을 최대한 사업에 반영할 수 있었다는 데 있다. 공간배치,
운영방식 모두 시장 상인들의 뜻대로 이뤄졌다. 또 하나는 모여서 술
을 마시는 이곳만의 독특한 음주문화와 이 지역의 압도적인 술 소비

량이다. 인구 10만 명당 술 소비량에서 고치현은 전국 3위[50]를 기록한다. 이는 히로메시장이 고치현에서 탄탄한 내수시장을 확보하고 있다는 것을 의미한다. 관광객을 주요 타깃으로 하면 비수기에는 매출이 큰 타격을 받는다. 하지만 지역에 내수가 뒷받침된다면 기본적인 수익구조를 맞춰갈 수 있다. 히로메시장의 영업시간은 오전 7시부터 오후 11시까지다.

히로메시장의 방식이 어디에서나 효과를 내는 것은 아니었다. 히로메시장의 성공을 배우기 위해 전국의 상점가, 자치단체들이 시찰을 다녀갔지만 아직까지 성공 사례는 나오지 않았다. 2003년, 효고현 히메지시(姬路市)에서도 히로메시장을 모델로 실내포장마차를 열었다. 하지만 매출이 신통치 않아 영업부진에 시달리다 2004년 10월에 문을 닫았다. 카가와현 타카마쓰시(高松市)에서도 2012년에 히로메시장을 본 딴 실내포장마차를 오픈했지만 2013년 8월에 문을 닫고 말았다.

제도나 시설을 모방하는 것은 크게 어려운 일이 아니다. 중요한 것은 '껍데기'가 아니라 그것을 가능하게 만든 '발상'이다. 그리고 겉으로 잘 드러나지 않는 '수익구조'의 핵심을 간파하는 것이다. 히로메 시장에는 한해 280만 명의 고객이 다녀가, 원도심을 살리고 지역을 알리는 데도 효자 노릇을 톡톡히 하고 있다. 주민과 상인들이 자발적으로 팔을 걷어붙이고 나서는데 지역 활성화의 핵심이 있다. 속도감과 효율성으로 승부를 보는 민간의 힘을 활용하는 것이다.

---

50) 2019년. 4월- 2020.3월, ねとらぼ調査隊, 2022.6.19

도서관, 영화관 한 건물에

시즈오카현(静岡県) 후지에다시(藤枝市)는 인구 14만 여 명의 중소도시다. 일본의 다른 지방 중소도시들처럼 인구가 계속 감소하고 있었다. 이곳의 최대 과제는 쇠퇴해가고 있는 원도심을 살리고 도서관을 확충하는 것이었다. 후지에다시는 원도심에 시민들을 불러모을 수 있는 거점공간을 조성하는 데서 해법을 찾았다.

JR후지에다 역에서 걸어서 5분 거리에는 2009년에 건립된 복합상업건물이 있다. 1층에는 대학산학협력센터, 입시학원, 요가학원, 식당 등이 들어섰다. 2층에는 게임과 오락시설, 4층에는 영화관이 입주해있다. 그리고 3층에는 시립도서관이 한층을 모두 사용하고 있다. 시립도서관, 영화관을 갖춘 건물이 들어서면서 원도심은 다시 활기를 되찾기 시작했다.

원래 이 복합상업건물 자리에는 후지에다 시립(市立)병원이 있었다. 지난 1995년 시립병원이 시 외곽으로 이전하자 원도심의 공동화는 더욱 깊어졌다. 서둘러 시립병원의 부지 활용방안을 논의했어도 마땅한 답이 나오지 않았다. 호텔, 전시장, 시민회관, 문화.복지 복합시설 등의 계획이 제시됐지만 최종 용도를 정하지 못한채 10여 년 동안 주차장으로 활용됐다.

최종적으로 2006년, 문화.학습 서비스를 제공해서 원도심에 활기를 불어넣을 수 있는 복합시설을 건립하는 방안이 확정됐다. 여기에 프랜차이즈 식당, 입시학원, 요가학원, 어린이 요리교실, 영화 상영

관처럼 지역에 부족한 근린시설을 대거 입주시켜 원도심의 집객(集客) 공간으로 조성하겠다는 구상이 담겨있었다. 주목을 끄는 것은 '도서관'이었다. 후지에다시의 최대 숙원 사업 가운데 하나가 시립 도서관을 신축 이전하는 것이었다. 당시 후지에다 시립도서관은 공간이 좁아 많은 장서를 보유할 수 없어서 시민들의 개선 요구가 끊이질 않았다. 후지에다시는 30만 권 정도의 장서를 보유하며 시민들이 편하게 이용할 수 있는 곳에 도서관을 건립한다는 구상을 가지고 있었다.

지자체 땅 내주고 도서관 확충

후지에다시의 이같은 구상에 민간이 손을 내밀었다. 공유지(시립병원 터)를 자치단체와 민간이 공동으로 개발하기로 한 것이다. 후지에다시는 민간사업자(大和リース株式会社)에 땅을 빌려주고 사업자는 그 땅에 5층 규모의 복합시설을 짓기로 했다. 3층에는 시립도서관을 짓고 나머지 층의 공간에는 상업시설을 유치한다. 사업자는 후지에다시에 고정자산세를 내고 후지에다시는 3층 시립도서관의 임대료를 사업자에게 내는 방식이다. 후지에다시와 민간사업자는 이 조건을 20년 동안 유지하기로 계약을 맺었다.

계획대로 사업을 추진해 마침내 2009년 복합상업시설이 완공됐다. 지자체는 예산을 들이지 않고 도서관 공간을 확보할 수 있었고 사업자는 땅을 제공받아서 사업비 부담을 덜고 복합상업시설을 건립할 수 있었다. 후지에다시 중심시가지 활성화추진과 시미즈 야스유키 과장은 " 이 사업으로(원도심에) 활기가 생겼고 상업시설과 영화관 유치, 도서관 확충으로 시민들의 숙원이 해결됐습니다." 라고 설명한다.

놀리던 땅에 도서관과 상업시설이 들어서자 보행자들의 통행량이 두 배 가까이 증가했다. 계속 활기를 잃어가던 원도심에 꾸준히 유동인구가 유지되는 것은 원도심 활성화에 큰 힘이 아닐 수 없다. 이 사업은 민간의 수익사업과 지자체의 공공사업이 결합된 대표적인 원도심 활성화 사업이다.

민관 연계 모델의 다변화

이 사례가 주는 시사점은 민간의 전문성과 공공분야(정부, 지자체)의 다양한 연계가 앞으로 더욱 중요해질 것이라는 점이다. 지금까지 지역 활성화 사업은 정부, 지자체가 주도해왔다. 중장기적인 계획을 세우고 예산을 안정적, 집중적으로 투입해 사업을 추진할 수 있는 장점이 있다. 하지만 '지역활성화'에서는 갈수록 창조적이고 창의적인 발상이 요구된다. 절차, 근거, 전례에 따라 예산을 세워 집행하는 데 익숙한 행정이 독창적이고 과감한 발상을 떠올리기는 쉽지 않다. 민간의 수익 마인드, 창의력, 책임경영, 순발력, 속도감을 사업의 새로운 동력으로 활용해야 한다.

지금까지 공공분야가 민간의 힘을 활용하는 대표적인 형태는 공공시설의 '민간위탁'이었다. 하지만, 속을 들여다보면 민간위탁은 민간이 관리를 대행하는 수준이었다. 지자체가 시설을 수탁받은 민간에 운영관리비를 보조하기 때문에 경영효율성을 크게 기대하기도 어려웠다. 지금같은 형태의 민간위탁으로는 민간의 전문성을 최대한 끌어내기는 어렵다. 공공+민간이 결합하고 연계하는 방식을 다양하게 발굴해서 민간의 힘을 최대한 활용하려는 노력이 필요하다.

후지에다시의 민간협력사업의 경우에는 민간이 참여해서 경영 능력을 발휘할 수 있는 공간이 넓었다. 분양, 운영의 위험(risk)을 모두 민간이 끌어안고 있기 때문에 민간은 적자를 보지 않기 위해 어떻게든 영화관을 유치하고 시장성이 있는 업체를 세입자로 끌어오기 위해 노력한다. 개별 세입자들은 매출을 올리기 위해 세일, 홍보, 이벤트 등을 실시하며 끊임 없이 고객들과 소통한다. 이를 통해서 건물에 '활기'가 만들어지고 '수익'이 나오고 '재투자'가 이뤄지게 된다. 도서관까지 갖춘 이 건물이 시민들의 삶으로 들어오면서 유동 인구가 원도심에 '활력'을 더해주는 것이다.

지역의 문제를 해결하는데 민간의 힘을 활용하기 위해서는 민간이 참여하기 쉬운 형태의 공모방식, 사업조건 등이 전제가 돼야 한다. 지금처럼 자치단체가 지어놓은 건물을 운영할 민간사업자를 찾는 방식으로는 한계가 있다. 초기단계부터 민간과 사업을 논의해서 민간의 전문성을 활용할 수 있는 길을 열어놓아야 한다.

보조금이나 재정지원 같은 방식으로 민간을 지원하기 보다는 규제완화, 조건완화와 같은 방식으로 접근하는 것이 현실적이다. 그랬을 때 민간이 공공을 파트너로 인정하고 머리를 맞대게 된다. 이런 파트너십을 구축해서 실행하려면 자치단체에 민간을 이해하는 직원이 있어야 한다. 유능한 직원이 있는 자치단체일수록 더 다양하고 효과적인 민관연계사업을 만들어낼 수 있을 것이다. 공무원 채용의 다변화가 필요한 이유이다.

폐교에서 꽃피운 지역 활성화

치바현(千葉県) 쿄난마치(鋸南町)에는 126년의 역사를 가진 '호타소학교'(保田小学校)가 있다. 대부분의 농촌학교처럼 이 학교도 학생 수가 계속 감소해 2014년에 문을 닫았다. 쿄난마치(鋸南町)의 인구는 12,000여 명 수준이었지만 지금은 7천여 명으로 감소했다. 이런 곳에서 초등학교가 문을 닫는다는 것은 지역이 휘청거릴 정도로 충격이었다.

자치단체는 그 공백을 메우기 위해 폐교 부지에서 추진할 수 있는 지역활성화 사업을 모색했다. 주민들도 적극적이었다. 하지만 뚜렷하게 이렇다할만한 사업계획을 발굴하지 못했다. 다만, 공청회에서 주민들은 하나같이 추억이 담긴 학교 건물을 최대한 살리자는 의견을 내놓았다. 자연스럽게 사업방향은 폐교 건물을 활용하는 쪽으로 모아졌다.

마침내, 2015년 학교 이름을 딴 '호타소학교'가 문을 열었다. 이름은 초등학교지만 내용은 도시민 교류 시설이다. 더 정확히 말하면 '미치노에끼'(道の駅)다. 미치노에끼는 일본 정부가 1993년부터 도로 이용객들을 위해 전국적으로 도로변에 조성한 휴식공간이다. 이곳에 식당, 농산물 판매장 등을 조성하면 농산물의 판로가 확보되고 지역 주민들의 일자리가 만들어져 지역 활성화에 도움이 된다는 취지에서 시작됐다.

학교 건물 살린 '추억' 공간

미치노에끼(道の駅) '호타소학교'는 밖에서 보면 말 그대로 초등학교다. 학교 운동장에는 주차장이 조성됐고 학교 건물 1층에는 라면집, 피자가게, 커피점, 아이 놀이방 등이 들어섰다. 2층의 교실은 숙박시설로 바뀌었고 옥상에는 목욕탕을 갖췄다. 이 시설의 운영회사는 호타소학교 주변의 석양이 굉장히 멋있는데도 방문객들이 모두 당일치기로 돌아가는 게 아까웠다고 한다. 그래서 방문객들이 묵고 갈 수 있도록 교실을 숙박시설로 개조했다는 설명이다. 교실문을 열고 들어가면 칠판이 있고 그 앞에 침대가 있는 구조의 객실 10곳이 운영되고 있다.

폐교 건물을 그대로 살린 '호타소학교'(미치노에끼 道の駅). 많은 사람들이 공감할 수 있는 '추억'을 콘셉트로 내세우고 있다.

하지만 이것만 가지고는 부족하다고 판단해서 2층에 대중목욕탕까지 만들었다. 일본 사람들의 일상에서 목욕탕은 빼놓을 수 없는 공간이다. 퇴근해서 집에 돌아와 하루의 피로를 푸는 곳이다. 학교 건물 2층, 어디서나 보이는 공간에 대중목욕탕을 만들어서 숙박객을 유치하겠다는 취지였다. 전국의 어느 미치노에끼(道の駅)에 가더라도 숙박시설과 목욕탕이 있는 곳을 찾아보기는 쉽지 않다.

학생들이 뛰어놀던 강당은 판매 공간으로 탈바꿈했다. 250여 명의 지역 농민들과 30개 지역 제조업체가 농산물과 제품을 출하하고 있다. 이곳에 농산물을 출하하러 온 이 학교 출신의 마쓰가와 에쓰코씨는 "농산물 판매 공간으로 바뀌긴 했지만 초등학교의 옛 모습이 남아있어서 좋다." 고 말한다. 누구라도 그렇지 않을까. 모교가 없어지는 것보다는 그래도 그 형태가 남아있다면 지역민들은 상실감을 줄일 수 있고 고향을 떠난 사람들에게는 자신과 고향을 이어줄 최소한의 연결고리가 남게 되는 것이다.

이 시설의 연간 방문객은 60만 명, 연 매출 6억 엔을 기록했다. 2015년 문을 연 뒤, 보조금 없이 유지되고 있다. 이곳에서 근무하는 50여 명의 직원 가운데에는 지역민들이 포함돼 있다. 이 시설에서 올리는 매출의 상당액이 지역민들에게 돌아가도록 설계돼있다. 일본 정부가 지방창생의 선진모델로 소개하는 이유가 여기에 있다고 볼 수 있다.

운영 주체의 전문성

이 호타소학교가 성공적으로 운영되고 있는 비결은 두가지로 정리 된다. 첫 번째는 여기서만 볼 수 있는 뚜렷한 콘셉트이다. 호타소학교의 핵심 캐릭터는 한마디로 '추억'이다. 누구나 초등학교를 다녀본 경험을 가지고 있다. 초등학교 건물은 전 국민적으로 가장 보편적인 공감대를 공유할 수 있는 소재다. 호타소학교는 기획단계부터 학교의 모습을 최대한 살려서 방문객들이 추억의 공간으로 산책 나가는 기분을 느끼도록 설계됐다. 건물 설계 공모에는 37개 팀이 참여했다. 최종적으로 와세다 대학을 포함해 5개 대학 연합팀이 설계를 맡았다.

두 번째는 운영 주체의 전문성이다. 지정관리자로 선정된 쿄리쓰(共立) 메인테넌스라는 회사가 호타소학교의 운영을 맡고 있다. 1979년에 설립된 이 회사는 호텔과 기숙사 등을 운영하는 업체이다. 오랜 기간에 걸쳐 접객업 운영의 노하우를 확보하고 있다. 판매, 접객, 숙박시설을 갖춘 호타소학교가 별 무리 없이 정착한 데는 이 업체의 전문성이 큰 역할을 했다.

호타소학교를 리모델링하는 데는 12억 5천만 엔이 들어갔다. 모두 정부와 지자체가 부담했다. 쿄리쓰(共立) 메인테넌스는 리모델링 공사 단계부터 참여했다. 건물을 수탁운영할 주체가 공사 단계부터 참여하는 것은 중요하다. 공사를 본인들의 사업 계획에 맞출 수 있기 때문에 불필요한 시공을 막을 수 있다. 동시에 건물의 활용도를 그만큼 높일 수 있다. 공공건물을 개관 후에 다시 손을 보는 일이 종종 벌어진다. 그것은 처음부터 이 시설을 운영할 업체의 사업계획이 시공에 제대로 반영되지 않았기 때문이다.

이 시설의 운영책임자 오츠카 카츠야(大塚 克也) 씨의 명함에는 이름 뒤에 호타소학교의 교장(校長), 미치노에키(道の駅)의 역장(驛長)이라는 두 개의 직함이 붙어있다. 오츠카 역장은 " 이 시설은 독립채산제로 운영되기 때문에 무엇을 판매해서 이윤을 남길 것인가, 어떻게 비용을 절감할 것인가, 인건비 관리 등에서 철저하게 수익, 비용 개념을 도입해서 운영하고 있습니다." 라고 설명한다.

돈이 돌아야 힘이 붙는다

마을공동체의 수익사업이 중요한 것은 그것이야말로 지역의 삶을 뒷받침하기 때문이다. 호타소학교에 관광객들은 추억을 찾아서 방문하지만 거기서 지역주민들의 일자리가 만들어지고 소득이 창출되고 이것이 지속적으로 이뤄지는 과정이 마을이 유지되고 활성화하는 길이다. 호타소학교가 있기 때문에 지역의 소농(小農)들이 영농을 유지할 수 있고 1층에 있는 식당, 커피숍은 물론 호타소학교의 운영에 마을주민들이 참여할 수 있는 것이다. 따라서, 지역의 활성화는 궁극적으로는 수익을 창출하는 방식으로 이뤄져야 지속 가능하다.

안정적으로 운영되는 마을기업이나 6차산업체들은 그 마을에 필요한 다양한 복지사업을 후원하거나 자체적으로 추진할 수 있는 여력을 갖추고 있다. 지역을 기반으로 한 커뮤니티 비즈니스도 그 지역의 구심점이 될 수 있다. 수익이 발생하기 때문에 주민들이 모이고 주민들이 모이기 때문에 마을의 커뮤니티 유지에 실질적인 역할을 할 수 있는 것이다.

재생(再生)이라는 것은 단지 한 순간에 반짝해서 이뤄지는 것이 아니다. 개선된 형태의 삶의 조건이 뿌리를 내린채 계속 가동돼야 한다. 1회성 예산투자만으로는 가능하지 않다. 지역민들이 그 지역의 자원을 바탕으로 안정적인 소득구조를 만들어낼 때 지역재생을 위한 최소한의 발판이 마련되는 것이다.

시골의 폐교는 인구감소, 지방 소멸의 상징처럼 여겨져왔다. 하지만 '호타소학교'(保田小学校)는 지역의 재생 모델로 인정받고 있다. 호타소학교를 지금은 외부의 전문업체가 운영하고 있지만 지역민들의 참여가 더 늘어나는 것이 바람직하다. 운영 노하우를 배워 지역주민들이 최종적으로 운영을 책임진다면 한 단계 더 발전된 모델로 평가받을 것이다.

30년의 마을만들기

일본의 최북단 홋카이도(北海道)의 인구는 1995년을 최정점으로 해서 하향곡선을 그렸다. 더구나 일본 전국적으로 인구가 줄어드는 상황에서 20년이 넘도록 인구가 꾸준히 늘어나고 있는 지역이 있다. 인구 8,400여 명의 히가시가와쵸(東川町)다. 홋카이도 히가시가와쵸의 인구는 지난 1994년부터 계속 증가했다. 2020년까지 20% 즉, 1,300여 명에 가까운 인구가 늘었다.

히가시가와쵸의 인구증가를 설명하는 키워드로는 우선 자연환경을 들 수 있다. 수려한 경관을 자랑하는 표고 2,291미터의 다이세쓰산(大雪山) 국립공원이 있다. 주민들이 지하수를 마실 정도로 청정 자연환경을 보유한 곳이기 때문에 히가시가와쵸에는 따로 상수도가 공급되지 않는다. 수돗물 대신에 지하수를 마시는 곳이라는 것은 히가시가와의 주거환경을 설명할 때 대단히 매력적으로 들린다.

그렇다고 오로지 자연환경 덕택에 인구가 늘어난 것은 아니다. 주목해야 되는 것은 히가시가와쵸가 30년 넘게 추진해온 마을 만들기 전략이다. 지난 1985년 '사진의 고장,' 2014년에는 '사진문화수도'를 선언하며 '사진'을 주제로 한 마을만들기를 추진해왔다. 1994년부터는 해마다 전국 고교생 사진대회(고시엔)를 개최하고 있고 고교생 국제교류사진 페스티벌 등을 열어 지역을 알려왔다.

3박 4일의 고교생 사진 고시엔(甲子園)

전국 고교생 사진대회에는 전국적으로 500곳이 넘는 학교에서 출전한다. 이 가운데 본선에 올라온 18개 학교의 학생들이 3명씩 한 팀을 이뤄 3박4일 동안 머물며 히가시가와의 풍경, 주민들의 삶을 카메라에 담아 작품을 출품한다. 이 대회를 통해서 고교생들은 젊은 감성(感性)으로 지역의 매력, 가치를 발굴해 히가시가와를 일본 전국에 알려왔다.

본선에 참가하는 학생의 수는 일반 스포츠 대회보다 훨씬 적다. 하지만 이들이 3박 4일 동안 히가시가와 주민들의 집에서 홈스테이를 하는 경우도 있기 때문에 주민들과 인연을 맺고 지역을 온전히 체험하며 깊은 추억을 쌓을 수 있다. 고교시절에 친구들끼리 타 지역에서 3박 4일간 머문다는 것은 흔하지 않은 경험이다. 대회가 끝나도 추억을 떠올리며 다시 방문하는 효과로 이어지고 있다. 사진 콘테스트야 어디에나 있지만 고교생을 대상으로 하고 그 지역에서 3박 4일 체류하는 방식으로 여는 대회는 찾아보기 어렵기 때문에 확실하게 차별화된다.

히가시가와쵸는 사진이 잘 찍히는 마을을 표방하며 지역의 환경을 아름답게 가꿔왔다. 다이세쓰산(大雪山) 국립공원이라는 자연환경과 사진을 엮어, 매력적인 지역 이미지를 만들어 갔다. 단체장이 바뀌어도 '사진의 고장'이라는 마을만들기의 주제는 바뀌지 않았다. 뚜렷한 목표, 일관성이 있었다.

어학 연수생을 유치한 것도 효과를 봤다. 학생이 사라지면 결국 그 지역은 소멸될 수 밖에 없다는 절박함이 있었다. 그래서 눈을 돌린 것이 외국의 단기 유학생이었다. 도시학생들을 농촌유학으로 유치하는 것은 다른 지자체들과의 경쟁이 치열했다. 상대적으로 관심을 덜 받고 있는 외국 단기 유학생을 유치하는 것이 현실적이라는 판단이 나왔다. 히가시가와쵸는 아사히가와 복지전문학교의 협력을 얻어서 2009년부터 단기 일본어.일본문화연수사업을 추진했다. 이 사업을 발전시켜 2015년에 기초지자체(町)로는 최초로 어학연수를 위한 공립 일본어 학교를 개설했다. 교류인구를 늘려서 지역경제를 활성화시킨다는 목적도 깔려있었다.

공립일본어학교는 1년 코스와 6개월 코스의 2개 과정으로 운영된다. 히가시가와쵸는 장학금, 생활비 등을 지원해 유학생들을 유치했다. 지금까지 3,500여 명의 학생이 이 학교에서 수업을 받았다. 쿠보다 하키히토, 히가시가와쵸 기획총무과장은 "단기 일본어 연수, 그리고 일본 문화연수를 지금부터 12년 전에 시작했습니다. 이것을 단계적으로 발전시켜 2015년에 일본어학교를 개설하게 됐습니다." 라고 설명한다.

관광객 '수'보다 '깊이'

히가시가와에는 해마다 30명 안팎의 이주민들이 정착하고 있다. 히가시가와쵸는 방문객의 수를 늘리는 것보다는 방문객과 지속적으로 관계를 유지하는 데 더 힘을 쏟고 있다. 사진대회에 참가한 고교생, 해외 어학연수생, 국립공원을 방문하는 관광객들에게 이 지역의 매력을 알리고 인연을 다져가는 방식으로 인구를 유치한다고 볼 수 있다.

히가시가와쵸의 인구 증가가 주는 교훈은 첫째, 마을만들기, 마을활성화 사업에 장기적인 시점(時點)이 필요하다는 것이다. 기본적인 체질을 바꾸고 지역 주민들의 손으로 무언가를 이뤄내려면 일정한 시간이 걸린다. 또, 마을만들기에 대한 타당성, 성공의 가능성을 지역 주민들이 공유할 수 있어야 장기적인 마을만들기가 가능하다. 이를 위해서는 지자체가 주민들의 공감(共感)을 끌어낼 수 있는 비전(vision)을 제시하고 화려하지 않더라도 일관된 노력으로 진정성을 보여줘야 된다.

둘째, 방문객 또는 관광객의 '수'보다는 '깊이'에 주목해야 된다. 국내 대부분의 자치단체들은 축제, 대회, 이벤트가 끝나면 방문객 수를 바탕으로 지역의 경제파급효과를 홍보하는 자료를 내놓는다. 하지만 방문객들이 해당 지역에서 얼마나 돈을 쓰고 그 돈이 지역에 어느 정도나 흡수되는지 또 재방문이 이뤄지는지는 파악하기 어렵다.

군단위의 소규모 지역에서는 아무리 많은 방문객이 다녀갔다고 해도 방문객을 그 지역의 숙박으로까지 연결하기에는 현실적으로 무리가 있다. 야간 관광, 호텔, 식당, 연계 관광상품 등을 충분히 갖추지 못하면 방문객들의 경제효과를 키우기는 어렵다. 그렇다고 소규모 지역에서 이 시설을 다 갖추는 것은 기대하기 어렵고 가능하지도 않다.

따라서, 축제, 대회, 이벤트 등의 단순한 방문객 수보다는 방문객의 체험, 만남, 공감의 깊이에 주목해야 한다. 그 지역, 이벤트, 축제, 상품의 매력을 충실히 알리고 그 매력을 제대로 느끼는 진짜 팬을 만들어 그 지역의 서포터(supporter)로 연결하는 것이 베스트이다. 음식, 자연, 스토리도 있지만 진짜 매력은 그 지역 사람들이 살아가는 모습이다. 인간과 인간이 마주하면서 빚어지는 '추억'이야말로 쉽게 잊혀지지 않는다. 관광객의 마음에 남겨놓을 수 있는 '접점'은 최첨단의 하드웨어만으로는 만들어내기 어렵다. 예산으로 만들어지는 것이 아니라 밀도 있는 접촉이 만들어내는 '공감' '감동'에서 나온다.

로컬인재의 '지소지산'(地消地産)

코로나 펜데믹 이후의 사회는 어떤 형태로든 일하는 방식, 살아 가는 방식의 변화를 맞이하게 될 것이다. 한가지 긍정적인 것은 '지역'으로 향하는 흐름이 더 뚜렷해질 수 있다는 것이다. 이런 흐름을 타고 지역의 가치를 재발견하려는 주체적이고 실험적인 시도가 활발하게 이뤄져야 한다. 핵심은 '로컬 인재'를 육성, 발굴, 유치하는 것이다.

지역적 정체성을 가지고 지역과 연계해서 사업을 일으킬 수 있는 '로컬인재'가 지역에 의미 있는 변화를 만들어낼 것이다. 지역교육, 지역사회의 인재양성사업의 핵심이 돼야 한다. 능력 있는 인재가 지역에 있으면 사업도 만들어내고 돈도 만들어낸다. 그 인재가 '지역' '고향'을 생각하는 사람이라면 벌어들인 돈이 지역과 고향에 흡수되는 방식으로 사업을 할 것이고 '서울'을 생각하는 사람이라면 돈이 서울로 빠져나갈 것이다. 벌어온 돈이 지역에 얼마나 스며들고 다시 그 지역에 재투자되는지를 면밀하게 지켜보며 돈이 새나가는 구멍을 막아야 한다,

기대와 우려가 엇갈리는 것은 '청년정책' 이다. 지방으로 눈길을 돌리고 지방에서 자신의 인생을 설계하려는 청년들이 늘어나는 것은 대단히 고무적인 일이다. 청년들의 추진력, 창의력은 농산어촌에는 쩍쩍 갈라진 논을 적셔주는 단비와도 같은 존재다. 경계할 것은 조급함과 주체성의 부재(不在)다. 최근 정부, 자치단체가 청년에 목을 매다시피 하는 것은 당장 눈에 보이는 성과를 원하기 때문이다. 그 성과 때문에 중장기적인 노력보다는 '예산'으로 뭔가를 서둘러 해결하려는 조급증이 일을 그르칠 수 있다. 벤치마킹을 한다면서 아무 여건도 성숙되지 않은 상황에서 다른 지역의 청년 정책을 복사하다시피해서 가져다 쓴다.

　　지역에 아무 연고도 없는 청년들이 밀물처럼 들어왔다가 사업 결과에 따라서 썰물처럼 빠질 수 있다. 처음부터 모든 것을 외지의 청년들에게만 맡겨놓으면 그 지역에서 이뤄진 다양한 실험, 도전, 시행착오의 값진 경험이 지역에 녹아들지 않고 흘러가버린다. '모든 것을 맡겨놓을테니 알아서 해봐라' 는 식으로 외지의 청년들에게만 기대는 것은 바람직하지 않다. 중요한 것은 청년을 끌어안을 힘을 지역이 비축해야 한다는 것이다. 장기적으로는 지역에 필요한 청년을 지역의 힘으로 키워낸다는 발상을 가져야 한다. 로컬인재의 '지소지산'(地消地産) 이다.

　　또 하나는 지역의 문화, 지역의 정체성이다. 그 지역의 문화를 잘 보존함으로써 지역의 정체성을 뚜렷이 하는 것이 지역이 독자적인 가치를 키워갈 수 있는 가장 단단한 토양이 된다. 자기가 사는 곳과 그곳의 문화에 자긍심이 없는 주민들이 과연 그 지역을 재생(再生)

시킬 수 있을까? 그 지역의 전통, 문화를 살려내지 못한채 '서울 따라하기'와 외부 청년들에게만 기대는 지역 재생은 일시적인 '변형'에 그칠 수 있다. 생명력을 갖기 어렵다. 역사는 문화를 잉태하고 문화는 라이프스타일을 만들어낸다. 지역의 문화가 담기지 않은 라이프스타일은 그 지역의 얼굴이 될 수 없고 '진짜' 그 지역의 것으로 뿌리내리기 어렵다.

지역의 자원을 창조적으로 해석해서 소셜 이노베이션을 일으키고, 그것을 거점으로 작지만 여러 가지의 소득사업이 포도덩굴처럼 생겨나는 것이 현실적으로 우리가 바라는 지역경제 활성화이고 지역의 재생 과정이라고 할 수 있다. 여기에 로컬 인재들과 청년들의 창의력이 결합하게 되면 재생의 과정은 더욱 활기를 띨 것이다. 소셜 이노베이션을 누가 일으킬 것인가? 지역에서 유능한 소셜 이노베이터를 많이 양성하고 발탁하고 유치하는 것이 기업유치 못지 않게 중요하다.

지금까지 우리는 발을 딛고 있는 곳보다는 서울을 바라봤고 서울에서 원인, 해법을 찾으려 했다. 대표적인 것이 기업을 유치하고 국가예산을 확보하는 것이다. 여기에 힘을 쏟겠다는 것은 기본적으로 지역의 문제를 해결할 힘을 외부에서 끌어오겠다는 뜻이다. 내부의 힘을 키우지 않고 외부에만 의존하는 것은 지속가능하지 않다. 국가예산, SOC가 지역 발전의 중요한 발판인 것은 맞지만 그 자체로는 지역의 가능성을 키울 수 없다. 여기에 맞는 내발적 가치를 만들어낼 수 있는 힘을 키워야 한다. 내발적 가치가 뒷받침되지 않고 단체장과 국회의원들의 개인기로 확보하는 국가예산은 결코 지역에 스며들지 못한다.

　인구는 계속 줄어들 것이다. 그래도 인재, 도전적인 청년, 적극적이고 유능한 공무원들, 그리고 지역의 문화를 소중히 하는 주민들이 있는 지역은 내일의 성장을 기약할 수 있을 것이다. 전국적인 표준이 될 수 있는 지역발 혁신, 이노베이션을 끌어낼 지역의 새로운 리더십, 지역 자원의 창조적 결합을 기대한다.

참고 문헌

창조도시(The Creative City) (著: Charles Landry)

작은 것이 아름답다 – 인간 중심의 경제를 위하며 (著: E.F. 슈마허)

로컬지향의 시대 (著: 松永桂子 마츠나가 케이코)

머물고 싶은 동네가 뜬다 (著: 모종린)

'창조경제의 원조' 리차드 플로리다 "서울시민 50%가 창조계급" (중앙일보, 2019.9.4일)

화려한 겉면과 빈약한 속이 공존하는 '기업유치' (한국일보, 2022.7.5일)

"지방소멸 바로잡을 시한 얼마 안 남았다" (경향신문 2022.9.9일)

인구구조 변화 및 지방소멸에 대응하는 지역고용정책 사례 연구 (著:한국노동연구원)

이것은 작은 브랜드를 위한 책 (著: 이근상)

이제, 시골 (著: 임경수)

행복의 경제학 (著: 헬레나 노르베리 호지)

페어푸드 (著: 오랜 B. 헤스터먼)

회복탄력사회 (著: Markus Brunnermeier)

일의 미래: 무엇이 바뀌고 무엇이 오는가 (著: 선대인)

지역의 시간 (著: 황태규)

自給을 다시 생각한다 (著: 야마자키 농업연구소)

포스트 코로나와 로컬뉴딜 (著: 유창복, 이재경, 김다예)

전라남도 우승희 도의원 보도자료 (2017.5.23일)

나라살림연구소 브리핑 (2021.12.29)

감사원 권고 (2021.8.13)

감사보고서 (저출산·고령화 대책 성과 분석) (2021.7)

인구위기대응 TF출범 (기획재정부 보도자료, 2022.6.24))

인구 감소 위기 극복 지방소멸대응기금 최초 배분 (행정안전부 보도자료, 2022.8.16))

지방소멸대응기금의 도입 및 향후 과제 (국회입법조사처, 2022.6.30)

인구감소 사회는 위험하다는 착각 (著: 內田樹 우치다 다쓰루)

地元経済を創りなおす (著: 枝廣淳子 에다히로 쥰코)

지방도시 살생부 (著: 마강래)

농촌재생 6차산업 (著: 정윤성)

공간의 미래 (著: 유현준)

農山村は消滅しない (著: 小田切德美 오다기리 토쿠미)

젊은이가 돌아오는 마을 (著: 藤波匠, 후지나미 타쿠미)

농가소득 증진을 위한 농촌태양광 사업 분석 (著: 국회예산정책처)

한국농업의 미래를 쓰다 (著: 정완철, 이중진)

지역사회를 비즈니스하다 (著: 김창규)

농촌기업가의 탄생 (著:曽根原久司 소네하라 히사시)

미첼 레스닉의 평생유치원 (著: 미첼 레스닉 Mitchel Resnick)

2021년 인구주택총조사 결과 (통계청 보도자료, 2022.7.28))

인구구조 변화에 대응한 유형별 지역발전전략 연구 (한국지방행정연구원, 2018.1.31)

균형발전정책과 지방소멸위기 (경사연 리포트 통권 39호)

고한읍 도시재생 이야기 (고한읍 도시재생현장지원센터)

포틀랜드 내 삶을 바꾸는 도시혁명 (著:山崎満広 야마자키 미츠히로)

地方創生大全 (著: 木下斉 키노시타 히토시)

地域創生を越えて (著: 小磯 修二코이소 슈우지)

ふるさとの発想 (著:西川 一誠 니시카와 잇세이)

まちづくりの非常識な教科書 (著: 吉川美貴 키카와 미키)

人口減少と東京一極集中 (著: 山下祐介 야마시타 유스케)

人口減少時代の都市 (著: 諸富 徹,土地総合研究 2018年冬号119)

地方創生ブームの危うさと今後の課題 (著 : 真山達志 마야마 타쓰시)

これからの地域再生 (著: 飯田泰之 이다 야스유키)

奇跡の村 (著: 相川俊英 아이카와 토시히데)

地方消滅 創生戦略篇 (著: 増田寛也 마스다 히로야, 冨山和彦 토야마 카즈히코)

農村と都市を結ぶソーシャルビジネスによる農山村再生 (著: 西山未真 니시야마 미마)

長野県人口定着確かな暮らし実現総合戦略

京丹後市まち・ひと・しごと創生人口ビジョン

https://www.winwinfund.or.kr/main.do

https://www.chiikiokoshitai.jp

https://www.chisou.go.jp/sousei/index.html

https://www.city.odate.lg.jp/

https://chihousousei-college.jp/

https://k-syokudai.jp/

https://neweconomics.org/